本项研究感谢国家社会科学基金青年项目"中国 P2P 网络借贷行业的有效竞争及实现路径研究"(16CJY077)、吉林省哲学社会科学规划基金项目"吉林省金融生态环境评价体系与优化策略研究"（2019B34）、吉林省教育厅科研规划项目"吉林省金融生态环境优化与政府合作治理研究"（JJKH20180456SK）、吉林省科技厅软科学项目"减排与增长双重目标下吉林省电力消费侧改革的实现机制与路径研究"（20180418134FG）的支持。

汲昌霖 著

制度环境视角下的企业成长战略选择研究

A Research on the Strategic Choice of Enterprise Growth from the Perspective of Institutional Environment

人民出版社

目　录

前　言

　　党的十八大以来，国家一直强调"必须毫不动摇地鼓励、支持、引导非公有制经济发展"①。非公有制经济在转型阶段的中国经济发展中占有重要地位，其代表着经济的活力、企业的创新能力及国家未来的经济增长空间。2017 年党的十九大更是为民营企业指明了方向，习近平同志在报告中指出，"支持民营企业发展，激发各类市场主体活力""努力实现更高质量、更有效率、更加公平、更可持续的发展"②。民营企业用近 40% 的资源，创造了我国60% 以上的 GDP，缴纳了 50% 以上的税收，贡献了 70% 以上的技术创新和新产品开发，提供了 80% 以上的就业岗位，发展成为社会主义市场经济的重要组成部分和我国经济社会发展的重要基础。在党的历次重要会议和文件中，都用"非公有制经济"和"民营经济"来表述，这次习近平同志直接使用"民营企业"的概念，既表明我们党对民营企业认识的逐步深化，又对民营企业为改革

---

① 《中共中央关于全面深化改革若干重大问题的决定》，人民出版社 2013 年版，第 9 页。
② 习近平：《决胜全面建成小康社会　夺取新时代中国特色社会主义伟大胜利——在中国共产党第十九次全国代表大会上的报告》，人民出版社 2017 年版，第 34—35 页。

开放和经济社会建设作出的贡献给予充分肯定，是中国特色社会主义道路自信、理论自信、制度自信和文化自信的重要体现，必将激励我国广大民营企业为决胜全面建成小康社会作出新贡献。

转型经济的背景下，一方面，企业期望能够通过政府的保护来减少经营过程中的风险控制支出、制度同构成本以及可能存在的政府机会主义征用等行为。另一方面，制度环境水平的差异使不同权属性质的企业在分享资源、获取信息等环节出现差别待遇。在这个过程中，非公有制企业在竞争中一直处于相对劣势地位，为获取发展资源和生存空间，建立政治关联成为其发展的一种手段。

通常而言，政府对企业的影响方式分为两种：一是对企业进行直接干预；二是通过供给制度来影响企业所处的外部环境进而影响企业。从企业的角度看，基于利益最大化的目的，企业会以满足政府政治需要或将经济资源转为政治资源等方式，主动寻求改善外部环境的可能性；对政府而言，基于届别效应及晋升激励，也有意愿去配合地方企业的发展，实现地区GDP的快速增长。因此，政治关联能够广泛而稳定地存在，但其对社会经济的发展会产生双面的影响。除了可以为企业带来短期内的政府补贴、税收减免、市场准入许可以及资金方面的帮助外，从长期来看，可能会对企业核心竞争力的建设、社会中的企业家精神以及公平的竞争环境产生消极作用，其在对整个国家经济产生危害的同时也会一定程度地危害政体健康。

本书的逻辑起点与个体理性会导致集体非理性的结论存在相似性。对于企业个体而言，短期基于既得利益层面的"理性"会导致企业战略观的迷失，发展策略安排的失当会导致其长期决策行为的非理性。政治关联为企业带来短期利益的同时会在长期侵蚀企业家精神、损害企业核心竞争力。而对于整个社会而言，短期内企业作为个体在受益的同时会伴随着行业发展的低效率和社会的租金耗散，基于政治关联受益的个体也未能使自身的核心能力获得发展，难以取得国际市场的生存空间，这对于一个经济体的发展是不利的。因此，本书力求找寻合理且可执行的方式来瓦解这种稳定且具有长期危害性的政企互动，使企业的关注能够跨越短期的既得利益，减少甚至消除对于政治关联的依赖性，以更为长远的目光来关注企业内在能力的发展，以宽广的视野来进行未来的战略安排。

本书共分为十个章节，基本结构如下：

第一章为导论。介绍本研究的研究背景、选题意义、基本框架以及结构安排，同时对研究方法及可能存在的理论贡献和现实指导意义进行阐述。

第二章是国内外文献综述及研究现状。对政治关联近年来的理论研究与经验研究进行了细致梳理，同时分别从制度环境的多样性、制度距离以及制度环境本身阐述各自对企业成长的影响，通过对制度环境替代机制的分析，指出其在一定程度上可能对政治关联的声誉效应产生替代作用。

第三章集中讨论政治关联的短期利益与长期危害。政治关联在短期内具有资源、信息和保护效应，这种社会认知使关联企业的业内声誉获得大幅度提升，产生类似于品牌的"声誉效应"。关联企业同样存在长期的潜在隐患，包括对企业核心竞争力发展的抑制和损害，还可能危害企业的产品或工程质量以及破坏社会的公平环境等。

第四章分析了制度环境对企业成长战略选择的影响，根据现有的研究结论和模型基础，构建了一个存在品质差异的价格竞争模型。在模型中引入制度变量并计算均衡解，基于结果讨论制度环境对于企业策略选择的影响，并为第五、六、七章的实证分析建模提供理论基础。

第五章开始是本书的实证部分。基于企业建立政治关联缓解融资约束的视角，实证检验政治关联、金融生态环境与企业融资的关系。发现金融生态环境的向好有利于减弱企业建立政治关联的愿望，一定程度地验证了贯穿于本研究的假设：制度环境对企业政治关联存在声誉替代效应。良好制度环境地区的企业会将发展策略更倾向于能力建设的提高，而这将有利于企业的长远发展。

第六章选取地方数据，通过对金融生态环境与金融资本流动的实证检验，考察生态环境对于资本流动的影响，包括金融资本的地方饱和度和流通效率。

第七章基于政治关联对于提升企业绩效的视角，实证检验政治关联、制度环境与企业绩效之间的关系。一方面以市场化指数这一更客观且具有权威性的制度环境代理变量来检验制度环境对政治关联的声誉替代效应；另一方面使用企业绩效这个反映企业成长水平的被解释变量来对结论进行二次考察，增进结论的稳健性。

第八章实证检验制度环境、核心能力与企业成长之间的关系，更为直接地考察制度环境对于企业战略观的影响。实证结论显示，良好的制度环境会使企业将更多的注意力关注于内在能力的提高上。

第九章通过分析政商关系的演变历程以及政治关联的动因与后果，指出企业家与官员基于短期利益或政绩需求的行为破坏了政府宏观层面的长期经济发展策略。以制度反腐为基础的政商关系重塑，除了能够产生短期内的法律威慑效应外，还能够对企业家与官员的底线意识进行提升，使企业的关注重新回归到内在能力的建设上。

第十章是结论与政策建议。

本书试图考察制度环境对于政治关联的声誉替代效应。企业通过建立政治关联能够为其带来显著的、众所周知的优势，这种优势将逐步发展成为社会对于该企业的认知，即成为一种"声誉"。这种基于信任的"声誉"可以降低交易成本，帮助企业获得长期超额收益。因此，在较差的制度环境中，建立政治关联为企业带来的声誉将为其发展带来类似于"品牌效应"。在企业的生存竞争中，政治关联往往能够立竿见影地为企业带来经济利益，而核心竞争力则必须经历漫长而艰苦的努力才能逐渐积累起来。在资源和精力有限的前提下，企业一旦专注于构建和维持政治关系，则必然会挤掉核心竞争力建设的投入。制度环境良好的区域可以产生类似于政治关联的声誉效应，一个政府高效、法律环境完善、金融发展水平高的区域也意味着其中的企业可以通过更低的交易成本获得合约，更低的融资成本获得资金，也可以获得更多的法律保护及其他方面的政府优良服务，这样的社会经济环境将很可能会对企业的选择产生反转影响。因此，本研究的政策含义在于倡导一个良好的制度环境，通过给予所有企业以公平的发展和竞争机会，激发市场参与者的竞争意识，引导其将管理的核心置于内部的发展。一个如上所述的市场环境无论对于企业走向世界还是市场走向高效都将产生正面效应。

在我国当前的发展阶段下，研究政治关联及其对企业成长的影响具有重要理论意义，而作为转型的经济体，充分了解特定的制度环境下企业生存发展策略的变化则更具现实意义。二者的综合研究一方面有助于我们更深刻地理解中国模式的优势和缺陷，另一方面还可以使转型期政府的制度供给更具针对性和可执行性，为经济发展创造更好的外部环境。

本书对于社会、经济的发展可能产生如下三个方面的助益，也包括为中央及地方政府提供决策的微观理论支持。第一，研究尝试从制度环境视角研究政治关联与企业成长的关系，有助于厘清政治关联影响企业成长的微观作用机理，进而深化我们对政治关联以及能力建设这两种发展策略在非公有制经济尤其是民营企业运行和发展中所扮演角色的认识。研究发现，制度环境对企业政治关联存在声誉替代效应，良好的制度环境能够引导企业进行更为合理的发展策略选择，将更多的精力放在核心能力的建设上，有利于企业的成长。第二，通过面板门槛回归考察政治关联的效率边界，寻找与之对应的制度效率临界点。由于企业在跨越该临界点后的制度环境中不会主动建立政治关联，从某种程度上消除了公权腐败的利益源头，缓解了社会中的"寻租"活动和腐败行为，丰富了腐败治理领域的相关情境研究。第三，构建一个存在品质差异的价格竞争模型，结合中国现有的层级分布状况，将品质偏好强度和制度环境纳入模型，分析在企业资源有限的前提下制度环境对于企业在政治关联和能力建设上的成长策略选择状况。

第一章 导 论

第一节 政商关系的起源、本质与发展

如费孝通先生所讲，中国的人际关系存在一种"差序格局"，社会中的人与人在相处的过程中会因关系的亲疏而进行差别对待。国家、政府的管理则建立在儒家学说和泛家族主义传统的基础上，这使得某些政府官员常常会根据关系的远近亲疏而区别对待不同的企业。放眼世界，亦是如此。无论是在欧美发达国家，还是发展中国家，企业的政治关联现象都相当普遍且已对社会经济的发展产生了深刻的影响（Khwaja 等，2005；Faccio，2006；Dombrovsky，2010）。

在该领域的研究中，克鲁格（Krueger，1974）是较早以塔洛克（Tullock，1967）的寻租理论为视角并初步涉足的学者之一。她认为，对于多数企业家而言，除了日常的生产经营以外，他们会愿意花费时间和金钱与政府建立联系，并期望从中获取可预期的某种利益，弗莱和施莱弗（Frye 和 Shleifer，1997）称之为政府的"扶持之手"。2001 年，菲斯曼（Fisman）通过分析印度尼西亚总统为与之关联的企业提供资源而增进关联企业的价值，首次明确将政府与企业的这种紧密关系界定为"政治关联"。至此，政治关联理论的研究迎来了空前的发展，取得了很多具有经济价值及社会指导性的结论。经验研究表明，政治关联可以为企业带来融资便利（Khwaja 等，

2005）、市场准入许可（Bertrand 等，2005）、税收优惠（Adhikari 等，2006）以及政府补贴（Faccio 等，2006）等一系列政治租金，即政治关联存在"扶持之手"效应；同时，从长期来看，政治关联也会加重企业的负担，包括出于非意愿的慈善捐赠、公益性投资等，体现了政治关联给予企业的负面影响，从总体上削弱了企业谋求政治关联的意义（Bertrand 等，2007；Faccio，2007）。

改革开放以来，中国的生产力水平急速发展，人民生活水平在短期内得到了迅速提高。从宏观层面看，这样的成就无疑令世界瞩目，而从经济中的微观个体——企业的发展来看，却一直没有能够发展出一批具有强大核心竞争力的企业。这种现象的存在引人思考，中国是否存在某种特定的环境因素，其一直在深刻影响着企业的生存与发展。

2000 年以前，大多数国企在完成了产权改革后，企业绩效得到了明显的改善（刘小玄，2004）。然而，实证检验的结果说明，企业利润率的提高主要源于报表中费用科目的数额比例下降，而非涉及企业核心竞争力的生产成本下降或劳动生产率的提高。在时间维度上看，这种变化主要发生于改革的初期，随着国企改革的逐步完成和时间的推移，企业财务绩效不再发生显著改善。换句话说，公有制并不是阻碍企业成长的核心原因。另外，由于现代企业的产权结构和委托关系日趋复杂，所有制差别和地方保护主义使企业在发展和成长的过程中产生了更高的交易成本。在这样的制度环境下，基于利益最大化的企业更有意愿向政府靠拢。而对政府而言，基于任期内的辖区利益观及晋升激励，也有意愿去支持辖区内的地方企业发展，甚至通过政策性策略来帮助其排挤外来竞争，将更多的资源分配给更有利于实现地区 GDP 快速增长的企业。权属性质的差异会直接造成企业生存条件的差异。竞争中的企业为了在资源的获取上不落下风，需要将大量精力置于权属缺陷的弥补中，这不仅产生了不必要的交易成本，更是会造成企业在制定发展战略上的短视，难以实现长足的发展。因此，我们能够得到的一个初步结论是，在权属性质差异的制度环境下，企业因过度关注政治关联而产生的租金耗散和发展策略偏移是企业成长受阻的一个重要因素。

中国经济转型以来，无论是 GDP 占比、就业岗位创造还是税收的缴纳，民营经济的贡献毋庸置疑，成就令人瞩目。但其发展至今，面临的诸多体制性障碍仍然存在且难以跨越。为了获得生存和发展的条件，民营企业不惜花费大量的时间和精力，竞相谋求与政府建立政治联系，以克服自身先天存在的权属性质缺陷。这样的背景为研究政治关联对于企业成长的影响提供了一个天然的样本空间。与此同时，中国现有的发展阶段及相对特殊的经济体制也可能会为政治关联的研究提供新的视角和证据。改革开放以来，尽管中国的经济持续高速发展，商品市场在发展的同时逐步摆脱计划经济的桎梏，至今已基本走向开放。但要素市场的发展和配置却一直相对落后，有些重要生产要素的流动和配置权仍然掌握在政府部门的手中，在这样的背景下，企业的权属性质差异将对其生存和发展产生重要影响。不完全的市场化条件结合各地区禀赋的差异会使得各地区的制度环境发生异化，政治关联在短期内对于企业发展具有正面效应，而从长期来看，其对于企业核心竞争力建设的影响、企业家精神的侵蚀，对于整个社会的租金耗散以及因此带来的种种不公平竞争的软环境损害显而易见。

针对上述，本书试图找寻合理且具备可执行性的对策，期望在减少企业对政治关联依赖性的同时能够引导企业进行更积极有效的策略重构。经验表明，多数高效率的政府规制都是以双赢的可能性作为政策执行的基础。那么，是否存在某种机制能够替代企业的政治关联或减轻其关联欲望？这种替代若成为可能，意味着政治关联对于企业的效用会存在一个效率边界。本书试图寻找这个边界并指出其可能存在的政策含义。

鉴于中国地域广阔和整体发展的不平衡性，经济的转型又使得各地区制度环境差异显著。现有的综合条件为检验政治关联、制度环境与企业成长之间的关系提供了具有说服力的样本，有利于我们以另一个视角更为深入地开展政治关联的情景研究并检验其对企业成长的影响。在现实层面，对于上述三者关系的探讨亦具有一定的理论价值和实践意义。

第二节 政商情境研究的理论框架与方法

企业的政治关联能够在短期内为其发展与成长提供多方面的资源而且效果立竿见影，也能够为官员的连任或晋升提供政绩支持，这使得官员与企业家基于自身利益的互动成为稳定的策略。一个与个体理性会导致集体非理性相似的逻辑是，对于企业个体而言，短期内基于既得利益层面的"理性"会导致企业战略观的迷失，发展策略安排的失当会引发其长期决策行为的非理性。政治关联在为企业带来短期利益的同时会在长期侵蚀企业家精神、损害企业核心竞争力。而对整个社会而言，短期内企业作为个体在受益的同时会伴随着行业发展的低效率和社会的租金耗散。因此，本书力求寻找合理且可执行的方式来瓦解这种稳定且具有长期危害性的政企互动，以引导企业将发展的核心资源和精力更多地关注于内在能力的提升上。

在理论分析的部分，通过对政治关联过往研究进行较为详尽的梳理发现，探讨政治关联与企业成长（包括缓解企业融资约束、提升企业绩效、利润、价值等多方面）关系的成果虽数量繁多，结论却较为发散，学界并没有取得相对一致性的共识。首先，本书以中国现有的特殊发展阶段和制度环境作为出发点开展纳入制定环境的政商关系研究。相比之下，过往的多数研究较为宽泛地直接探讨政治关联与企业成长之间的关系略显粗糙，制度环境的改变无论对于制度的供给者政府还是制度的受众主体企业来说都会产生影响，纳入制度环境的二者关系研究可能更具解释力。其次，本书更为关注政治关联对于社会发展的长期危害。政治关联对于政企利益具有短期内的显著提升效应，却会增加企业在未来发展中的诸多隐患。企业与政府长期的饮鸩止渴将破坏社会的公平竞争环境、增加社会的租金耗散并阻碍经济发展。因此，本书的核心目的在于寻找减轻企业政治关联依赖性的可执行路径，以便引导企业将发展的核心精力配置于内在能力的提升上。

　　实证部分从三个方面展开：一是实证检验政治关联、金融生态环境与企业融资约束之间的关系。由于被解释变量为企业的融资，为了更精确地测度制度环境同时匹配金融领域的情境研究，本书对 35 个大中城市的金融生态环境指数进行了测算，以此作为制度环境的代理变量。通过一个全国的样本，考察不同制度环境下，企业为获得融资对政治关联的依赖程度以及这种依赖性随着制度环境发展而发生的变化。由于金融生态环境指数为笔者计算，作为制度环境的代理变量，其客观性和权威性略显不足。为保证结论的稳健，通过反映企业成长的另一个维度——企业绩效作为被解释变量，以学界广泛认可，并在制度环境研究中具有高引用率的市场化指数（樊纲等，2011）作为制度环境的代理变量进行二次检验。两次实证的结论均支持了制度环境对于企业政治关联的声誉替代效应。为了获得政治关联的效率边界，通过面板门槛回归来识别制度环境的临界值，也就是考察是否当制度环境向好到一定程度时，企业会基于关联成本的得不偿失而放弃政治关联。结论支持了上述预期，即当政府供给的制度足够稳定且效率足够高时，企业的关注会从政治关联回归到内在能力的提高上。第三部分的实证设计针对前两部分的结论，意在考察制度环境、核心能力与企业成长之间的关系，以更直接的方式检验制度环境对于企业成长策略选择的影响。实证结果显示，较好的制度环境可以使企业摒弃投机心态，更加注重核心能力的培养。

第二章 政商关系研究的理论述评与前沿进展

第一节 政治关联的形成：政府与企业的互动

当政府与企业因特定的利益要求和利益关系而形成以政治强制力量和权力分配为特征的紧密社会关系时，我们将这种关系称为政治关联。政治关联是政企互动中的产物，企业可以通过这种政企关系获取各种形式的"政治租金"，以获得发展中的竞争优势。理论研究方面，施莱弗、维什尼（Shleifer，1994；Vishny，1998）的"掠夺之手"理论和塔洛克、克鲁格（Tullock，1967；Krueger，1974）的寻租理论为政治关联的研究提供了理论基础，也为理解政府与企业这种稳定的关系提供了逻辑起点；实证研究方面，既有文献主要围绕"政治关联可以为企业提供什么""政治关联对企业发展和宏观经济的影响"来进行阐释。本节通过对过往文献的述评，来把握政治关联研究领域的内在发展逻辑。

企业之所以消耗大量财物力量和精力去建立政治关联，从本质上看是在寻求一种生产环节以外的"政治租金"，而这份租金从理论上能够超越其消耗同样的力量去进行生产的所得。从发展的角度看，企业若想在市场竞争中获得优势，除了本分内的生产和能力建设以外，政府所拥有的资源控制权及政策供给权无疑可以为其发展提供便利。如果这种资源的获得代价在企业的承受范围内，而其收益又相当可观，企业便有意愿去积极谋求建立政治关联的机会，并从中获得"政治租金"。而政府和政府官员在关联期间可以获得自己想要的政治业绩或其他资源，无形中促进了企业的这种关联行为，二者的互动也因稳定的利益关系而使政治关联长期存在并对经济、社会产生持续影响。接下来，本书以政府视角的转变为入手点，简要回顾政企互动过程中两个极具影响力的表现形式——寻租活动与腐败行为对于资源配置和企业成长的影响。

一、经济发展中的政府角色转变

在现代经济学的理论中，当讨论的主题涉及政府与企业、官员与企业家之间的政企互动关系时，如果以政府的视角进行讨论，那么，基本会围绕着"无形之手""扶持之手"和"掠夺之手"这三个方面展开。主流经济学对于政府的角色定位大体分为两个过程：一是从"无形之手"到"有形之手"的过程，学界认可了政府干预的必要性。二是从"扶持之手"到"掠夺之手"的过程，主要存在两方面质疑，一方面是对仁慈政府假设的质疑；另一方面则是在信息不对称、行政激励能力有限的前提下，政府基于"扶持"目的的干预初衷和实现能力的质疑。

亚当·斯密（Adam Smith）早在 1776 年便提出了市场中存在着"无形的手"的理论，认为在一个市场运行的过程中，其自发形成的经济秩序就足以保证经济社会的有效运行。他在《国富论》中强调，市场具有自我调节的机制，政府只须履行一些市场经济赖以运行的必须职能，无须进行过多的干预。大多数的资源配置决策应交给那只"无形的手"，在市场实现瓦尔拉斯均衡后，资源便会在企业间实现帕累托最优，政府的节外生枝只会造成更多的市场失灵。

但在现实中，政府却不甘心于"守夜人"的角色。他们对于经济的干预无处不在，频繁地使用财政政策与货币政策来影响宏观经济，通过行业、企业的微观管制来控制产业走向，以及对已投放于市场的政策进行阶段性变革，都已大幅度地超越了所谓的"无形之手"状态。干预型政府的理论基础来源于阿特金森和斯蒂格利茨（Atkinton 和 Stiglitz，1980）等提出的"扶持之手"模型，他们认为瓦尔拉斯充分竞争的假设太过严苛，与现实中的市场相去甚远。过于自由的市场会滋生垄断、失业、经济周期以及收入不均等现象，生活中的人们没有时间也没有能力去等待均衡的到来。政府既然存在，便应该基于社会福利最大化的目的通过干预手段缓解上述市场的失灵状况，将经济调整回轨道。

　　然而"扶持之手"模型的假设依然饱受诟病，其对于政府是有为和仁慈的假设显然过强，实际情况往往更为复杂甚至相反。一方面是市场失灵的原因可能来源于政府的失灵，在信息不完全、行政部门缺乏激励的前提下，政府干预的初衷往往难以实现。另一方面是学者们基于理性人的假设对于仁慈政府的存在产生怀疑，很多时候政府或政府官员出手进行干预的目的在于寻租或得到私利而非追求社会福利的最大化（Stigler，1971；Peltzman，1976）。此外，就是对政策受众主体的怀疑，即便不存在政府失灵且政府足够仁慈，市场参与者仍无法被认定为具有足够的理性，参与者的异质性会使得政策偏离初衷或削弱政策效果。

　　施莱弗和维什尼（Shleifer 和 Vishny，1998）通过政府的"掠夺之手"模型对来自西方国家样本的非仁慈政府行为进行了更为深入的探讨。从该模型看来，政治家在执政期间由于受到各方面影响，很难以单纯的社会福利最大化为目的。无论是专制政府还是民主政府，其决策都会一定程度地受到官员私利的影响。对于专制的政府而言，为维护任期内的统治以及打压潜在政敌，在位的统治者将很难把执政的注意力全部放在社会福利最大化上，甚至为保持政权稳定，会把资源尽可能地配置给志同道合的政治追随者，以扩大自己的阵营。而民主政府中的官员则更在意选票和本人的社会影响，他们的行为会以谋求连任或升迁为前提，将提升公共利益和执政业绩作为任期内的工作核心，而非社会福利整体的最大化。两种"掠夺之手"的行为都会使政治家偏离于社会福利最大化的执政核心目标，而这些行为会以破坏企业家精神、提高交易成本等形式阻碍企业的成长和经济的发展。

二、寻租活动与腐败行为

布坎南（Buchanan）曾对政府职能进行如下评述，政府的基本职能是保护经济体中的产权并维护其中的契约执行。一旦其在执行过程中超越了这些职能，政治分配就会对经济行为产生影响甚至发生支配效应，而使社会资源的分配偏离本意，表现为低效配置或被用于非生产性的再分配。就不同发展阶段的政体而言，多数发展中国家由于经济处于起步阶段，制度的不完善会使政府对本国经济的干预强度、频度和细化程度要超过发达国家。除了在正常的宏观经济调控和对微观个体的干预之外，为了加快本国经济的发展，政府还会经常性地对各个经济部门加以控制。比如通过设立税目来保护国内产业发展，增加其竞争优势；通过市场准入制度来限制关键领域的投资规模，以保护该领域的发展主动权；以及通过干预金融机构的信贷配给以实现重点发展领域能够获得资金上的优势。这些带有资源性和准入性的政府引导活动都间接地给寻租活动创造了空间。

"寻租"一词最早呈现于克鲁格（1974）发表在《美国经济评论》的著名论文"寻租社会的政治经济学"中，但寻租思想及其基本理论的产生可追溯到 20 世纪五六十年代哈柏格（Harberger，1959）和莱本施泰因（Leibenstein，1966）对垄断福利成本的讨论。之后，塔洛克（1967）进行了开辟性的阐述。在他的研究中，虽然没有提及寻租的概念，但已经指出了寻租可能对社会经济产生的危害。他认为，包括政府的管制、企业的垄断等为获取纯粹财富转移而没有生产价值的活动，都会隐藏着一定的社会成本，而这种伴随着社会成本的非生产性竞争行为会造成整个社会的租金耗散，使大量有价值的资源和财产由于错配或低效使用而发生价值下降或价值消失，降低了整个社会的福利。

事实上，无论是"政府寻租理论"还是所谓"掠夺之手"的政府理论，都与早期的公共选择理论具有极大相似之处（Buchanan，1962；Becker，

1983）。公共选择理论是基于经济学的分析方法来研究政治决策机制的运作（Mueller, 1989），通过对司法、政党、利益集团的模型化，去考察政治家的终极利益目的和政治家如何将这些利益目的转变为政策和制度从而执行下去（Shleifer 和 Vishny, 1998）。后来墨菲等（Murphy et al., 1991）以上述模型为基础，在"掠夺之手"的框架下对政企官商的互动博弈进行了相对深入的探讨，并就人力资本、资源配置、技术创新等方面在纳入寻租活动后的经济后果进行分析和概括，主要得出以下四个结论：（1）政府基于保护目的的立税通常会增加行业成本，阻碍企业投资，削弱经济活力；（2）过多的干预、管制会使官僚机构臃肿，管理效率低下，腐败丛生；（3）具有先天政治关联的企业就整体而言生产效率低下，表现为生产中的挥霍资金和浪费发展机会；（4）人力资本错配，贤者不能展现才能而基于对租金的渴望去努力地挤入寻租部门。因此，寻租活动对经济社会发展的影响是复杂而沉重的：企业行为遭到政府管制的扭曲，企业家精神难以彰显，经济发展负担沉重，进而可能导致经济增长的缓慢或滞胀。

腐败是指运用公权来谋求私利的行为（Jain, 2001）。从经济社会发展的角度来看，是资源的一种非生产性的再配置。具体来说，就是私人部门基于某种利益诉求，通过资源或财富的流转来获取官员所持有的公权，并最终获得"非官方"租金，实现金钱与权力的相互转化（Murphy, 1993）。这种现象广泛存在于制度环境较差的私营经济活动中，不完善的法律体系和恶劣的契约环境使得当企业的经营行为受到约束或管制时，模糊的产权边界使官员有机会将"基于权力的许可"变成一种寻租产品，他们在帮助企业家解除受限的同时获取私人利益。如果政府部门在制定政策和行政管制的过程中具有足够的权威性和充分的决定权，同时，监督机制尚不够完善，难以实现对于执政者权力的有效限制或制约，那么较低的惩罚预期会使政府官员具备充分的动机来利用权力抽取经济租金，产生社会中的腐败现象。

有相当数量的学者认为，在政府拥有足够统治力或权威的经济社会中，腐败在某种程度上对于互惠互利的经济行为能够产生促进作用，比如商业、贸易类的活动。因此，他们提出了"有效腐败"的观点。这里的"有效"强调的是腐败行为对于交易效率的提高，是指当资源的整体配置已经扭曲，终究无法实现最优配置的情况下，腐败的这种有效性促成了现有情况下的次优结果，但并非最优配置。它能够一定程度地增进政府的办事速率，通过简化手续、提高契约执行效率来起到"润滑剂"功能。同时，腐败的存在促使相对稀缺的政府资源进入竞争平台，实现对资源的更有效配置（Leff，1964；Huntington，1968）。"排队模型"将上述观点进行了模型化的表述，认为在竞争较为稀缺的市场准入许可名额时，生产率高的企业由于机会成本较高而更不愿意去排队等候，它们拥有更强的能力和意愿去贿赂官员，从而获得准入资格。就政府而言，他们也通过寻租过程完成了对企业的最优选择，实现了资源的次优配置（Lui，1985）。但毋庸置疑，从一个足够的长期来看，无论是"有效腐败"观点还是"排队模型"，都是社会发展过程的阶段性均衡状态。其执行过程伴随着对社会效率的挤出。长久而言，不利于社会稳定和民众效用的提升，对社会经济的发展将产生负面效应。

如果以科斯定理作为理解腐败的逻辑起点，那么贿赂从某种程度上来讲，可以视为政企互动中官员与企业的议价载体。在贿赂价格形成的过程中，市场中的资源得到了更高效的配置。而一旦现实中存在过强的法规或政策规避了这种相对廉价而直接的配置方式，官员则可能改变以往基于经济目标的配置方式，而是以政治目标为出发点，通过更为低效率的方式来掠夺财富，造成经济体更大的租金耗散和低效率运行。在"有效腐败"理论的发展过程中，由于其很多的理论支撑假设过强，使该理论在现实的应用中欠缺解释力，加上个体行为的异质性以及社会制度、观念的不断变迁使该理论一直难以获得有效的经验证据。"有效腐败"多年来一直停留在理论层面上，并受到学者们在多个方向上的批判。主要包括：第一，有效腐败的核心观点在于强调政企互动中的官员腐败促进了次优配置的实现。然而，官员腐败的初衷是任期内个人利益最大化而非资源配置最优化，在均衡形成的过程中，政府所提供的商品供应量并不能保证达到次优配置的市场需求状态（Andvig，1991）。第二，由于贿赂本身是非法的，其交易成本将高于通常而言的状态，而且官员在收受贿赂的过程中要把东窗事发的损失预期考虑进去。因此，这种保密性交易在实现均衡的过程中会使资源配置的结果偏离传统竞争性的配置结果（Tollison，1997），换句话说，其配置结果可能要比次优结果更差。第三，"有效腐败"理论是将政府的失灵设定为外生的，官员收受企业贿赂是发生在政府失灵之后。但现实中，有受贿意愿的官员完全可以人为地设置那些易被市场扭曲的"劣政策"，并将其维持，以从中获利。简言之，经济中的腐败既可以是内生的，也可以是外生的，仅基于外生假设而提出的"有效腐败"观点很难对现实经济的发展提供有效的解释力。

过往的绝大多数经验研究表明，腐败对经济发展是有害的。即便某些实证研究得出了腐败短期对于政府效率存在正向效应，但从长期来看，其对于技术创新、私人投资、收入分配等方面都会产生恶劣的影响，甚至导致权力至上、倒卖权力等危害政体的执政危机（Klitgaard，1991；Mauro，1995）。

第二节　政治关联为企业带来了什么

政治关联能够在短期内对企业的发展和价值的提升产生助益这一点毋庸置疑。无论是基于企业家试图在官员"差序格局"的人际关系中获得身份的认可，还是大量学者所阐述的政治关联对于企业所具有的资源、信息及保护效应，都解释了大量企业、企业家谋求建立政治关联的动因。但随着研究的深入和展开，越来越多的负面声音开始传播。来自国内外多项研究的经验证据表明，政治关联可以为企业获得额外的政府补贴、关键领域的税收优惠、限制行业的准入许可以及在紧要时刻帮助企业缓解融资约束等问题（Khwaja 等，2005）的同时，也会要求企业承担有利于官员业绩的社会职能，包括基于扩大就业、维稳社会的雇佣成本提升、推举区域纳税表率的综合税负提升、扩充官员政治资本的投资规模提升以及一些强制性的公益事业参与、慈善捐赠等。上述方面在保证了官员政绩的同时也给企业带来了额外的负担，干扰企业对于本身核心竞争力的建设，降低企业的适存性（见图2－1）。

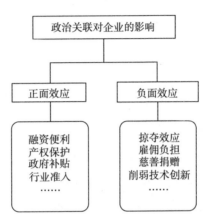

图 2－1 政治关联对企业的影响

一、有利于企业成长的正面因素

（一）融资便利

一般情况下，企业可以通过负债（银行贷款等）或股权融资的方式来筹集资金。由于银行的放贷行为很大程度上会受到其政治背景的影响，尤其是有政府背景的国有银行。经验研究显示，国有银行更愿意把钱贷给大企业（Sapienza，2004）以及有政治关联的企业，其贷款额度还与所关联政治家的实力成正相关的关系（Khwaja 和 Mian，2005）。对于没有政治关联的企业在建立关联后，其信贷能力也能获得显著的提升，包括负债比重、资金变现能力和延长债务期限的能力都会高于其未建立关联的时期（Classens 等，2008；Boubakei 等，2009）。同时，由于企业的资金来源能够得到保障，政治关联企业在金融危机中也会受到相对更小的冲击（Charumilind 等，

2006）。除了信贷方面的优惠，政治关联企业在股权融资方面也获得了一定程度的便利，主要表现为企业在建立关联后拥有了更低的权益资本成本（Boubakri 等，2010）。

（二）产权保护

在制度经济学的视角中，产权和契约制度是经济增长的必要条件。部分学者认为政治关联在中国民营企业的成长中起到了产权保护的作用（罗党论，2009）。经验研究结果显示，民营企业建立政治关联可以减少被侵害的概率。另外，民营企业家政治地位的提高还会使企业产权纠纷数量显著下降（李胜兰，2010），降低交易成本。

（三）政府补贴

政府官员掌握着财政补贴的支配权，因此，企业家有动机去建立政治关联以获得关键时刻的政府援助或增添企业的竞争力筹码。来自世界样本的经验证据表明，在跨国大型公司争取国际援助时，拥有政治关联的企业更容易从政府手中得到援助资金或者获得其中的更大份额（Faccio 等，2006）。国内的学者也进行了大量的实证得出了类似的观点，有政治关联的企业可以更容易或更多地获得政府补贴，而且制度环境越差的区域，这种补贴的效应越强（罗党论和唐清泉，2009；余明桂等，2010）。

（四）行业准入

部分学者曾对大型企业的原材料获取途径进行研究，来自印度尼西亚的样本实证结果显示，建立政治关联的企业更容易获得原材料进口的许可（Mobarak 等，2006）。这种专属性的配给能够使少数企业成为行业内的垄断者，从而造成了消费者的福利损失。法乔等（Faccio et al.，2006）、班坎瓦尼卡等（Bunkanwanicha et al.，2009）的研究同样支持了上述结论，认为企业家通过竞选谋求政治地位，进入管制行业，其重要目的之一便是在市场中建立起垄断地位。

二、不利于企业成长的负面因素

（一）寻租与"掠夺之手"

企业通过建立政治关联来获得市场竞争中的优势，其优势大小取决于关联人物的政治地位。然而，所关联人物地位越高，其需要获得的租金回报也越高（Shleifer 和 Vishny，1994），所以，这些租金在短期内是企业的政治关联成本。从长期来看，如果企业的优势无法在竞争中获得充分的体现，那么这些关联成本将成为企业成长的负担。既有文献表明，地方政府为了实现任期内的政治目标，更倾向于去干预政治关联企业的公司治理，其在企业并购活动中的干预呈现出明显的掠夺效应（潘红波等，2008）；同时，关联企业在更多的时候承担了高于非关联企业的税收负担，而且关联程度越高，综合税负也越高（吴文锋等，2009；冯延超，2012）。

（二）雇佣负担

官员为了保证任期内的业绩，在为政治关联企业提供种种政策优惠的同时，也需要其协助完成所在区域的就业保障、社会维稳等目标。因此，关联企业往往需要承担更大的社会就业责任，这些责任大幅度地增加了企业的劳动力成本，降低了劳动力质量（Boycko 等，1996；Bertrand 等，2007）。来自国内的证据显示，政治关联企业拥有的雇员规模、薪资成本往往更高。他们除了为社会提供必要数量的就业岗位以外，还承载了大量关联官员亲属的就业安排并且要支付超过平均水平的工资，其整体的劳动力性价比要明显低于非关联企业（梁莱歆，2010）。另外，基于维稳的需求，当企业出现经营困难或发生经济危机时，政府也具有强烈的干预动机和能力。他们限制企业解除冗余雇员的聘用合同，通过牺牲企业经营效率甚至整个社会的效率来换取任期内的稳定。这种现象在关联程度越高、关联期限越长的企业，其呈现效果越明显，而较差的制度环境同样会起到强化作用（郭剑花，2011）。

（三）慈善捐赠

企业家在建立政治关联后，需要对所关联各级政府的慈善捐赠号召进行更加积极的回应，包括协助政府进行公益投资，还有一些并非出于本意的社会活动都会为企业带来负担（杜兴强，2010）。对于以政治关联为目的参政议政的企业家来说，在增加自己曝光度的同时，也被社会舆论赋予了更高的道德要求。他们通过政治关联为自己的财富上了政治保险的同时，也需要在社会危机中起到更加正面的表率作用并承担更多的社会责任（梁建等，2010）。企业的捐赠行为同样会受到所在区域制度环境的强化。实证研究表明，地震等自然灾害发生以后，拥有政治关联的企业更高比例地参与了慈善捐款，捐款额度与关联强度相关，而当企业所在区域的制度环境较为完善时，政治关联的捐款促进效应会减弱（贾明等，2010）。

（四）削弱技术创新

企业的关注能力和资源是有限的，一旦恶劣的制度环境促使企业家们将资源配置到非生产领域，整个社会的寻租收益比例将上升，生产效率将遭到破坏（Murphy 等，1993）。与此同时，人们的意识形态和整个社会的软环境会变得更差，对于普遍存在的寻租与腐败现象会逐渐习以为常，二者的互相强化将可能形成一个不可逆的恶性循环。从企业的视角看，政治关联通常能够给企业的发展带来立竿见影的效果，而技术的进步和创新都需要漫长的积累且可能面对失败。尤其在制度环境较差的区域，产权保护的薄弱会使企业进行技术创新的风险更大、意愿更低（Peng 等，2009）。因此，社会中长期存在的政治关联会侵蚀企业家精神，逐步削弱其技术创新的意愿。

第三节　制度环境与企业成长

制度环境被界定为建立生产、交换与分配基础的基本政治、社会和法律基础规则（Lundvall，2007），例如法律和产权规则、规范和社会传统等。

其形成于人们在长期交往中无意识接受的行为规范，具有相对的稳定性。通常而言，其所涉及的范围非常广泛，包括教育系统、就业、资本市场、专利技术产权以及社会福利制度等。在制度环境概念产生的初期，较大程度地用于社会经济网络和宏观经济环境的探讨，直至诺斯和鲍莫尔（North 和 Baumol）在 20 世纪 90 年代以后展开的一系列工作，使制度环境的研究开始涉足企业发展的微观领域。诺斯认为，企业的成长动力来源于技术进步，而企业家是主要驱动者。企业在成长过程中会受到制度环境的影响，除了作为外部环境的一些直接影响外，制度环境还会在很多方面起到效果的强化作用。比如上一节提到企业建立政治关联的一些负面效应会在较差的制度环境中对企业的经营产生更为显著的危害。因此，对于企业家而言，他们需要相机抉择地根据正式和非正式制度在市场中的主导能力来改变企业运行策略以获得市场机会。

鲍莫尔（1993）延续诺斯的逻辑集中讨论了不同制度环境下的企业家精神。好的制度环境会催生出积极的企业家精神，而作为企业的驱动者，这种精神对于社会经济的发展意义重大。经验研究表明，制度环境可以为不同类型的经济活动提供激励，因此其对于企业的发展方向乃至一个区域经济增长的影响都不言而喻。在一个差的制度环境中，企业的寻租活动收益会超过成本，非生产性的企业家精神得到激励，使企业家更有热情地投身于可以降低经营成本的社会资源搜寻中。这种倾向无疑将破坏企业核心竞争力的培养，也不利于经济的长远发展。相反地，在一个可以激励生产性企业家精神的制度环境中，企业的能力建设将占据主导，企业内在的管理、技术创新等都将在可预期的未来获得提升，进而提升企业的外部竞争力并促进经济发展。简言之，企业家总会基于企业利益最大化的目的来制定发展策略，制度环境是其权衡策略的重要影响因素之一，而企业最终所选择下来的活动也将作为对现有制度环境的一种回应，同时强化现有的制度现状。

基于过往文献，多数学者认同企业是否将关注投放于生产性能力的培养取决于制度环境（Hwang 等，2005；Sobel，2008；Boettke 等，2009），制度可以塑造经济发展中的激励结构，而激励结构将会作用于经济中的微观个体（Baumol，1993），最终影响整个社会经济的发展。

一、制度环境多样性与企业成长

制度环境的多样性可以为企业在生产、发展中提供更多的选择。在现实的生产环节中，很多企业利用制度环境的差异进行制度套利，获得了更多组织利益，从而在市场竞争中获得优势。制度套利是指利用不同地区的制度环境差异进行牟利的行为（Delios 等，1999）。比如，在不同的国家存在不同的环境法规和标准，无形中为这种制度套利提供了可操作空间。部分跨国公司将位于发达国家的企业迁入环境法规相对较为宽松的发展中国家进行生产环节的实施，不但可以获得较为宽松的规制环境，还能够雇佣到更为廉价的劳动力；也有很多发展中国家，为了获得更多的免税政策和更多的发展空间，会将办公总部搬迁到制度环境更好的地区。企业使自己的外部制度环境呈现多样化，可以灵活地汲取各区域的制度环境优势，实现企业利益的最大化。

企业的制度环境多样化发展能够为企业经营本身提供利益最大化途径，但对于整个经济体的发展却存在着显著的弊端。制度环境的多样性能够为企业提供套利机会，也使各地区经济呈现出更为不平衡的发展。在现实生产中（以污染企业为例），大量的排污型企业涌入了环境规制标准更为宽松的地区，使该地区从硬件配套设施、劳动力所掌握的技能到人文环境都逐渐固化为类似于工业基地的模式，该地区的发展也随着时间的推移越来越依靠排污型企业并且难以实现转型。同时，人力资本及产业结构的单一化会严重阻碍该地区的经济发展，另外，重工业基地模式下孕育出的社会软环境也会使该地区制度环境水平的提升面临着更高的成本。而对于制度环境好的地区，大量总部的设立意味着高层次人才的流入，良好的人文环境将促使该地区的发展无论是从产业结构的调整还是制度环境的建设都能做到游刃有余。简言之，制度环境的差异会影响地区经济的发展，而这种经济上的不平衡从长期来看将会强化制度环境的异化。

从企业经营的角度看，生存于多元化制度环境的企业会面临更高的外部交易成本和内部管理成本（Gaur 等，2007）。首先，随着企业面临的制度环境多样化，其表内的管理费用会有一个显著提升，企业在经营过程中需要花费更多的精力去熟悉各子公司所在地区的制度环境并制定出对应的管理策略，多样化的管理模式无论对于人力成本还是公司决策成本都将产生影响。经验证据显示，这种投入与制度环境多样性呈正相关（宋渊洋和李元旭，2013）。其次，基于制度套利目的而设立子公司的企业，其管理控制分支机构的数量会与制度环境多样性呈正相关。当企业子公司所在区域的制度环境多样性提高或制度差异增大时，总公司则需要不断调整经营策略来应对这种变化。而对于转型的经济体而言，制度改革幅度和频度都要超过发达国家。企业需要使用更为复杂的管理方法或相机抉择的经营策略来不断调整和控制各地区的分支机构，这将造成总部决策的复杂程度和执行难度大幅提升，造成相关成本和决策失误的概率上升。久而久之，企业的经营意愿会下降，区域的经济活力会降低，经济可能发生滞胀。

不平衡的制度环境虽然可以在短期内为企业提供制度套利的机会，但无论从国家层面还是企业的宏观管理层面，多样化的制度对于政府政策的制定、执行，对于企业的把握和遵循都会产生巨大的消耗。在企业发展的微观层面，制度环境的多样性使企业的生存环境更加复杂，增加了企业的交易成本、决策成本。因此，从长期来看，一个更为稳定、统一的制度环境将更有利于国家经济的长期平稳发展。

二、制度波动与企业成长

诺斯在述及制度的重要性时，认为"人类在互动过程中的不确定性"是制度存在的重要意义之一。这里的"人类"是一个相对宽泛的概念，包括政府、企业以及自然人本身。不确定性的存在意味着市场参与者的决策成本提升，如果基于国家的层面考虑，其负面效应将会波及整个经济的运行效率。制度产生的初衷便是通过一些广为认可的秩序、规范的约束能力来降低社会生产中的不确定性，从而提高生产效率及人们的生活水平。然而，社会经济是不断发展的，任何制度的设计都不能一劳永逸地保证社会秩序能够一直被遵循和认可，随着经济发展对现有制度的冲击，制度的供给者政府也需要不断进行调整以适应这种变化。在现实经济中，转型经济体的制度便是一个很好的说明，初始制度设计的无参照性以及经济的相对高速发展都会使政府需要进行相对频繁和较大幅度的制度调整，其所造成的制度稳定性欠缺会提升整个制度环境中的决策风险（Oliver，1997）。而就微观个体而言，这种风险的传播会导致投资者决策的预期成本增加，甚至会因随时可能发生的地方政府机会主义征用而取消投资计划（Henisz，2000）。利维和斯皮勒（Levy 和 Spiller，1994）的实证研究也支持了上述观点，政治制度的稳定性与所在区域的长期投资额度和外资进入的数量呈现同向变化。

转型经济体的制度环境存在较大的跳跃性，提升了投资者的政治风险。企业在相机抉择的过程中，其决策过程变得更为复杂，成本也变得更高。企业在进行投资的可行性研究时，需要考虑区域的资源禀赋、政府导向、金融发展、法律环境以及信用制度水平等多方面因素，从而在选址、行业进入、合作者选择以及技术深入程度等方面进行细致入微的策略安排，这种政企的策略博弈在另一个层面上增加了更多的不确定性。

企业成长过程中所面临的制度不确定性主要来源于两个方面：一个是企业在跨区经营过程中可能面对的不同区域间的制度距离问题；另一个是同一区域内基于各种原因所产生的制度波动性。对于制度环境波动性的研究结果显示，当市场交易面临更高的制度环境波动性时，企业的管理控制成本将大幅度上升，两者的正向同步性可以减弱因外部混乱或环境不确定性而产生的机会主义对企业绩效的冲击（Hennart，1988）。同时，波动性的环境还会鼓励市场涌现出更多的投机行为，企业会基于一些结构性的机会去追求短期利益回报，因此，他们的策略安排既不会利于自身的长远，也不会利于社会的发展，整个大环境将背离经济增长和社会福利增长的初衷。从企业的生存策略来看，交易环境的复杂会促使企业更希望获得高水平交易的适应性。这种对适应性的追逐体现于当企业交易面临更高强度或难以预期的干预时，交易双方会通过调整交易维度或增加合同的灵活性等方式以使得交易双方能够适应各种可能出现的结果，面面俱到且具有较高模糊性的契约能够保证双方对未来更有信心（Anderlini 和 Felli，1994），也同时降低了市场的效率。

三、制度距离与企业成长

制度经济学强调制度对于经济行为和经济发展的影响。在新制度学派中，交易成本是讨论的核心，包括在交易发生以前因考虑对时间和精力的消耗，以及为避免不确定性而发生的生产性行为以外的成本。一个合理并有效的制度除了为社会提供必要的行动规范或准则外，其另一个重要的作用在于通过规则的普及和社会认可来限制机会主义行为，从而降低交易成本，提升整个社会经济的运转效率。

通常我们将区域间的制度环境差异称为制度距离。促使制度产生距离的原因包括资源禀赋差异、政府能力、初始软环境水平及文化习俗等多个方面，表现为在两个区域内存在不同的规则或行为准则。这种一致性的欠缺可以具体到当地的法律法规、机制设计、人文环境等多个方面（蔡洁，2007），而区域间的制度距离正是影响企业战略决策、发展规划以及行业内拓展的一个重要依据。

制度距离对于企业尤其是存在跨国、跨区的母子公司制企业影响显著。地理距离通常可以造成一定程度的制度环境差异，这种制度距离会使母子公司间产生陌生感和认同缺乏（郭苏文和黄汉民，2010）。无论是陌生感还是认同缺乏都意味着信息传播的成本在升高，长期处于这种环境下的母子公司会因信息不对称而滋生代理问题，从而增加公司的决策成本并降低经营效率。作为转型经济体的中国，广袤地理空间造成的文化习俗差异，不同区域的资源禀赋差异以及中央基于地方发展基础所供给的初始制度差异都会使各地区经济的转型速度和政策的执行效果产生不同，无形中造成了各地区之间的制度距离。由此使企业产生了大量的信息搜集成本、跨区的运营成本、制度的同构成本[①]（Rosenzweig 等，1991；Westney，1993）以及母子公司管理层之间的代理问题等。

而如果两个区域的制度距离小，母子公司间的战略认同度便会更高，不会存在因陌生感而付出额外的成本，从而减少公司因一些潜在的风险而进行的内部控制消耗。现有的经验证据对上述观点提供了支持，徐迪安等（Xu et al.，2004）的实证研究指出，母子公司所在区域的制度距离会显著影响子公司的股权比例和外派管理人员数量。较大的制度距离会使母公司为避免信息不对称而出台更为烦杂而严格的内部控制机制，而这些对于企业的成长来说，都属于生产外的消耗。对于企业的发展尤其是大型企业的国际竞争力提升而言，显然存在负面效应（Schneider 和 De Meyer，1991）。

在现代经济学的跨国公司理论中，企业的发展与成长过程被认为是内嵌于某一特定区域的制度环境中，如果企业经营的区域存在制度距离，那么其战略选择行为将呈现出差异化的特征（Rosenzweig 和 Nohria，1994；Davis 等，2000；Lu，2002）。即便对于只在一国境内经营的企业而言，在其发展过程中也很难保证经营区域制度环境的长期一致性，任何的生产扩张所面临的制度波动都需要付出同构成本。

当企业身处一个制度环境起点水平更低的区域时，其所需付出的同构成本将会更高，过大的制度差异通常成为企业放弃投资决策的原因。恶劣的制度环境会使政府供给制度的有效性更差，无法引导当地企业从事生产增值或价值创造活动。低效的制度迫使政府需要频繁干预区域企业的发展，

---

① 通常而言，身处不同区域的企业（跨国经营）会受到多重制度环境的压力，跨国公司需要付出额外的成本来实现不同制度环境下企业生存的合法性，这种额外付出的成本即为制度环境的"同构成本"。

企业的决策成本提高，经营自主性下降，区域经济的发展难言活力。最重要的是，制度保障能力的低下会导致本地与其他区域企业之间的经济活动和行为变得更加不安全和不确定（Wei，2000），这也是为什么很多企业宁愿付出更高的成本在相对发达的地区进行扩大生产也不愿意到落后地区落户的原因。

而一个良好的制度环境不仅能够增进当地的市场效率、激发经济活力，还能提升企业将发展策略定位于长远的动力，从而提升整个社会的福利，使经济的发展进入一个良性的循环。涉足制度理论研究的国内外学者也对良好的制度环境所能够带来的正面作用给出了诸多见解。列夫琴科（Levchenko，2007）认为，充分发挥制度优势是企业实现对外投资经营、规模扩张的一个重要条件，良好的制度环境能够对异地投资产生促进作用，为母公司的跨区经营创造有利条件（Globerman 和 Shapiro，2003）。经验证据也对上述观点提供了支持，地方政府良好的发展规划能够对外地企业的进入（如在当地设立子公司或者进行投资）产生正面作用（Agodo，1978），相对自由开放的市场环境、完善的法律体系和清廉高效的政府能够对外来投资产生明显的促进作用（鲁明泓，1999）。从要素市场来看，有效率的制度供给以及相对统一的制度环境能够促进区域生产要素更好地组合起来，促进生产要素从低效区域向高效区域的流转，提高整个区域要素的配置效率。

从总体来看，经济长期发展后的制度环境产生距离几乎难以避免。各地区的发展由于历史原因、禀赋差异以及基于习俗的自我选择等问题，制度环境会随着时间的推移呈现差异化特征。而对于处在经济转型时期的中国而言，这一差异化的过程正是制度环境发展、扩散和变革的过程。考虑到我国现阶段的发展环境和体制现状，地方市场分割将成为短、中期限内持续出现的发展特征，也是制度环境长期差异化的地理根源。从国家间的数据样本来看，很多实证结论也指向了制度环境对于新兴市场与发达市场之间经济发展差异的决定性作用，特别是政府所制定的规章和政策的有效性以及执行力方面（Hoskisson 等，2000），制度供给主体——政府在对地方的资源配置、区域经济发展等方面制定的要求和规章不同，导致了部分地区或部门显现了政策的偏向性，使得区域间的差异逐步扩大。

近年来国内外的大量研究都在制度距离对于经济发展的影响中得出了相对一致性的结论，其存在的负面效应无论是对于宏观经济发展、中观产业发展还是微观的企业发展，都会大幅度降低政策的执行效率。从中、微观层面来看，扬（Young，2000）认为区域性的保护政策是造成区域差距拉大的关键因素。因为，这种市场保护会使本地企业的经营条件偏离于标准，导致企业或好或坏的资源配置状况，而这将直接影响本地企业的生产成本及未来的发展趋势。国内学者通过考察区域经济发展差距的变化来证实制度因素对于这种变化的主导作用（王小鲁和樊纲，2004），从制度根源上对省、市、区的经济差距成因进行分析（徐现祥和李郁，2005）。在产业方面，王国文（2003）通过对具有显著制度环境差异的深港区域物流管理状况的分析，验证了制度因素对于区域间贸易壁垒的影响。

四、制度环境与替代机制

就制度的本意而言，正式规则的终极目的在于减少生产、交换过程中的交易成本。而受现实中的种种外因影响，这些制度在供给过程中所存在的效率流失或方向偏移使企业为保证自己的顺利发展，需要根据形势作出决策上的改变。在正式制度没有主导约束能力的环境中，他们会寻找甚至人为地建立非正式制度作为无效正式制度的替代机制。

威廉姆森（Williamson，2000）对人为建立非正式制度的动因及存在意义进行了更详细的阐述。他将非正式制度和社会嵌入进行结合讨论，认为非正式制度和社会嵌入通常能够在市场的反复交易过程中使参与者印象深刻而不易改变。他强调在正式的制度框架中影响经济增长的关键是"游戏规则"，而对于指定范围内的市场参与者，他们往往会依据固有的规则而选择行为方式，不够清晰的产权界限和契约执行环境使参与者很难保证自己的付出可以获得相应的市场地位。而存在于市场中的非正式规则将可能引导企业产生"交易型信任"（Fogel 等，2006），这种非正式规则由于其私密性或较高的进入门槛而成为企业短期快速成长的途径（如政治关联），它能够为企业节约大量的交易成本，甚至获得行业内的品牌效应。而在投机者眼中，即便产权规则足够清晰，他们为了实现短期利益的最大化，仍然有足够的动机在与政府的互动过程中通过资源的交换来获得私人的制度优势。如果说在正式制度欠缺有效性的环境中，企业被动地通过寻找非正式制度作为替代机制是一种实现市场配置的次优选择，那么，这种人为的主动购买制度无疑会破坏市场的有效性。更为严重的是，现实的生产环节中，这种人为构建的私人制度基于利益相关者的短期利得往往能够挤出正式制度，其对经济秩序的破坏力是多方面且长期持续的。

制度环境可以从多个维度影响企业的发展与成长。良好的制度环境能够提供更流畅的信息传播途径、更严格的社会舆论监督、更完善的法律体系以及良好的信用制度环境等。这些特征可以促使企业更具有社会责任、减少生产经营过程中的投机心态，并使更多的企业将发展的核心置于内在竞争力的提升上而非基于比较层面的外在扶持竞争。对于转型国家或新兴经济体而言，制度的建设往往处于起步或试错阶段，即便将范围缩小至一个经济体内部，不同区域之间制度环境也会存在很大差异，这种差异造成企业的税费占比以及企业的非生产性投入呈现出巨大差别（World Bank，2006）。法经济学的理论认为，恶劣的制度环境会诱发市场寻找相应的替代性机制以使市场交易效率保持在一个合理的水平上。那么转型经济体中的企业也可以为自身的有效经营寻找一种替代机制（Dixit，2003）。政治关联便是在市场机制不完善的背景下产生的一种替代机制，它可以在短期内为企业带来各种资源优势及发展机遇。由于其产生的背景是一个欠缺完善市场机制的经济体，在这样的环境里，市场中的多数参与者为处于起步阶段的中小企业，它们没有良好的履历来证明自己的经营能力。同时，在信息不对称的影响下，无论是金融机构在配置资金的过程中还是政府在配置资源的过程中，这些市场参与者都会成为弱势群体，难以获得发展所需的资源。这样的背景迫使活动于其中的微观主体需要一种"声誉"来减少自己在未来的生产、经营和发展中所可能产生的种种交易成本，以期望避免遭受基于权属性质的差别对待，同时，在经营的过程中尽可能地简化决策的复杂性和决策错误产生的概率。

这是一个特殊时期的市场需求，其核心目的是通过降低交易成本来提高市场效率。因此，政治关联产生的本意在于起到一个市场信用的"标签"作用，是一种"声誉"的象征。政治关联对于企业所产生的"声誉效应"相当于一种"认知"，从概念上来说，是指交易者在多次重复博弈后通过彼此间的稳定信息获得的一种信任关系。正是这种基于信任的"声誉"，可以降低交易成本，帮助企业获得长期超额收益（Fombrun 和 Shanley，1990）。因此，从某种意义上来说，政治关联的产生是特殊时代的特殊产物，是市场经济体制不完善带来的现象。

第三章 政治关联的短期利益
与长期不利影响

政治关联可以帮助企业在政府补贴、税收减免、市场准入以及缓解融资约束等多方面获得竞争优势，可以在较短的时间内使企业在经营上取得立竿见影的效果。企业能够获取短期利益是因为政治关联本身所具有的资源效应、信息效应和对企业的保护效应，这些效应能够稳定存在并持续发挥作用的一个重要根源在于政治关联能够满足企业家和政府官员在一定阶段内双方的要求。

从现实情况看，中国的中小企业平均寿命仅为2.5年，而较大型的集团企业平均寿命也仅为7—8年，因此，企业亟须在短期内获得市场竞争中的优势以占有更大的市场份额，避免在激烈的生存竞争中遭到淘汰。而政府官员基于晋升激励和届别周期的影响，也需要在短暂的任期内交出良好的执政成绩单。两个急于求成的群体基于短期目标所制定出的发展策略将很难兼顾长期利益，过于依赖政府的企业将在长期的政治庇护下逐步失去内在能力建设的动力，久而久之，技术创新乏力、产品质量下降、企业家的进取精神沦陷等现象都会成为企业长期发展的潜在隐患。一旦其关联官员离任，很多内在能力的不足都将浮出水面，企业因欠缺核心竞争力将会面临一个长期的发展危机。

第一节　政治关联的短期利益

一、政治关联的资源效应

民营企业家在市场竞争中重视政治策略，想获取参政议政的机会，其中的一个目的便是在于获得扶持竞争中的优先次序。政治关联能够为企业提供直接资源或者通过间接提供市场准入许可的方式，帮助企业突破制度壁垒以获得短期内垄断经营的机会。无论是直接还是间接方式，政治关联都能够为企业提供发展所需的关键资源，帮助其取得市场竞争的优势。

基于中国现有的资源配置体系，市场经济体制还不完善，政府仍掌控着对一些稀缺资源、发展战略资源的分配权和部分行业的准入审批权。然而，很多权力的界限并不清晰，官员所掌握的自由裁量余地很大，这便为政府官员的寻租提供了空间（Walder，1995）。更为严重的是，当寻租官员意识到自己的寻租意愿总能得到关联企业的迎合时，他们会重新审视手中的权力，充分利用甚至扩大现有的裁量余地来获取更多的租金。这一过程无疑会造成整个社会的租金耗散和企业的低效率经营。高效率经营的企业并不能保证其在资源获取上得到优势，却可能由于自身的权属性质缺陷在长期的发展中受到制约。与政府建立良好关系显然是改善这一处境的有效途径，于是，部分企业家开始通过政治地位的提升来改变其在资源获取中的竞争势力，以获取政治关联所能够带来的资源效应。具体而言，政治关联的资源效应主要包括资金获取效应，即缓解融资约束、获得财政补贴等金融资源，以及市场准入效应即获取更好的商业机会。

（一）金融资源效应

资金是企业发展和成长的保证，企业在面对资金短缺的时候，如果外部融资受限，企业则很有可能会错失发展良机。因此，外部融资是影响企业发展的重要因素。融资约束一直是制约中国民营企业发展的突出问题，克雷森斯（Claessens）在2006年对世界范围内的投资研究报告中指出，超过七成的民营企业将融资约束视为企业发展或规模扩张的最主要障碍。来自国内的数据也支持了上述结论，民营企业的年平均获得信贷比例只占到国家发放信贷总额的不足三成，而民营经济在GDP、提供就业岗位数量以及纳税额度等多项指标占比均过半，甚至超过六成。这个现状说明，权属性质歧视是一个世界性的问题，也是亟待解决的重要问题。因此，企业建立政治关联具备了缓解民营企业融资约束的理论基础，它可以帮助民营企业有效规避权属的缺陷以获得发展所需的资金。

过往研究表明，银行的经营也会因为其政治关联性而受到影响，城市商业银行受到的影响尤为严重，即便是国有银行，也会因为其属地性受到地方政府的干预。因此，我们容易理解，拥有政治关联的企业通常可以更容易地获得银行的支持并且以更低廉的成本从资本市场中找到缓解融资约束的渠道。在这个关联的体系中，银行的放贷行为可能被所在地区政府的政治目标所影响（Sapienza，2004），资金将更具倾向性地流入有政治关联的企业。尽管多数商业银行通过股份制改革以上市的方式进入资本市场，不再如以往那样地依赖地方政府的支持，但基于属地性和其他政策性因素也很难完全走出这个关联体系。在投资型经济增长占主导的背景下，各级政府须借助银行体系的力量来推动所在地区的经济增长，他们将政府性资金存放比例与商业银行的地方贡献挂钩，通过调整政府性资金的存放地点来调动各商业银行的经营行为，使他们积极根据政府的发展方向来制定信贷投放的策略，实现政策力量与货币力量的同向发力。因此，政府偏好能够在一定程度上影响商业银行地方支行的信贷投放方向，有政治关联的企业也将在政府的庇护下受到所在地银行的照顾，获得发展中的资金优势。

在缓解企业融资约束问题的探讨中，政治关联的作用得到了大量实证研究的支持。从银行信贷资金分配的情况来看，影响其流动方向的因素中除了银行本身的商业利益之外，政治关联是对被解释变量的次要影响因素

（Firth 等，2009）。学者们相对统一的结论是，具有政治关联的企业更容易获得银行信贷尤其是长期贷款，包括范博宏等（2008）基于23例省级官员的腐败案件进行的实验研究，罗党论（2008）以投资、现金流敏感度作为融资约束指标的实证研究以及余明桂和潘红波（2008）基于民营上市公司的研究都较显著地指向这一结论。

在政治关联的资金获取效应中，除了能够帮助企业获得更多的银行信贷以外，建立政治关联的企业还能够更大程度地获取政府的税收优惠和补贴。在区域经济的发展中，各地方政府会积极出台各种税收优惠和补贴政策来扶持地方经济增长中的薄弱地区或短板产业。在这些扶持政策的出台、执行以及具体实施的过程中，其出台时间、执行力度以及实施的有效性等方面都会受到当地政府的影响。换言之，政府官员在政策制定、执行方面的支配和决策权使得这种"扶持效应"存在着较大的弹性和自由裁量空间。种种现状表明，最终能够获得优惠税率、政府补贴或者同样条件下获得了较大补贴额度的企业绝大多数与政府存在着较为密切的关系，政治关联的程度与政府扶持的倾斜程度呈现同向相关。从过往文献来看，拥有政治关联企业所缴纳的税收要显著低于无关联企业（吴文锋等，2009），一个区域所适用的税收优惠条件及补贴的弹性空间越大，那么，与地方政府建立关联的企业能够获取的税收优惠就越多。在以民营企业为样本的经验研究中，政治关联企业获得了更多的政府补贴（潘越等，2009；余明桂等，2010），而且，这种补贴效应会得到制度环境的强化（余明桂等，2010）。

（二）市场准入效应

民营企业通常很难进入那些资源型、公共事业型或者能够对国民经济产生重大影响的行业，而身处上述行业中的国有企业却难以保证一个较高的生产效率。从整体而言，这并非是一种合理的生产关系，企业的成长会受到严重的制约，不合理生产关系导致的资源错配也将在长期中拖累经济的增长。面对发展机会损失，企业会通过建立政治关联来克服权属性质的缺陷，以期望在部分行业突破壁垒，获得更多的投资方向和发展机会，政治关联的这种作用我们称为市场准入效应。

进入壁垒是指企业试图进入某一个产业时，由于制度、政策等方面的限制所需要付出的额外生产成本（Stigler，1968）。进入壁垒的高低反映了行业内已存在企业的市场优势的大小，壁垒越高意味着其优势越大，后来者的进入门槛也会越高。这里的门槛包括企业在进入过程中可能消耗的精力、财富及其他资源。进入壁垒的高低也能够反映该行业现有的市场垄断程度，可以在一定程度上揭示行业内的潜在超额利润。从政府管理的角度看，进入壁垒产生的初衷在于保护落后产业或处于发展阶段行业中的企业，在执行过程中具有明确的量化界限或清晰的准入原则。而当政府或政府官员基于私利而人为地操控壁垒高度，对企业进行选择性的接纳，便会破坏市场中的竞争机制，降低资源的配置效率。进入壁垒基于形成原因可分为以下两类：第一类是由规模经济产生的市场占有率优势、价格优势以及先期的技术水平差异产生的产品品质优势而形成的市场性壁垒（Bain，1956）；第二类则是以行业保护为目的，以制度、政策为手段的政府管制性壁垒（Demsetz，1982）。从进入壁垒的形成来看，市场性壁垒在多数情况下来源于市场建设初期的管制性壁垒，因此，从根本而言，市场性因素并不构成初始的、实质上的进入壁垒，其对市场效率也保持了积极的正面效应。真正的进入壁垒来自第二类的以政府管制为基础的壁垒，这种壁垒存在着为政府和企业投机者提供寻租空间的可能性，在现实的生产中，这种壁垒正成为大量民营企业生存环境不断恶化的原因之一。

现阶段的中国，政府掌控着大量的行政审批权。一方面中央政府希望通过有效的干预来掌控经济发展的走向；另一方面基于晋升的激励，地方政府又期望可以在辖区内获得经济的高速增长，两方面因素的共同作用使地方政府在行使国家权力时会依据自身利益进行综合裁量。而拥有政治关联的企业在这种准入资格的竞争中具备先天优势，相较于无关联企业的进入过程，他们的进入会付出更小的代价，而无关联企业则需要跨越更高的门槛。从 2003 年开始，国家对于新企业准入的审核进行了一定程度的改革，从起初的国家计划委员会和地方计划委员会负责改为由国家发展改革委承担，到了2004年，变更为对一般项目只实行备案制，只对重大和限制类项目采取核准制。然而，从《政府核准的投资项目目录》要求来看，改革后的受限行业仍然涉及包括能源、原材料、轻工烟草、城建、社会事业、交通运输、农林水利、高新技术、金融等几乎覆盖了国民经济的绝大多数行业，也就意味着只要是涉及上述的重要领域都需要经过政府审核。尽管国务院为鼓励民营经济发展和民营企业投资曾出台过"非公经济36条"，但是由于缺乏必要的执行监督和配套的实施细则，并未取得良好的政策落地效果，民营企业的高准入门槛也始终没有得到实质性的缓解。从目前社会中80多个行业的准入格局来看，国有资本、外资和民营涉足的行业数量分别为72个、62个和41个。并且，绝大多数民营企业的经营范畴主要集中于餐饮、零售、服务业以及一些小规模的制造业，而在涉及资源类或公共事业方面的垄断行业以及资本相对密集型的行业，其所占的市场份额微乎其微。从市场经济的规律来看，国家对于某一行业的约束和管制的本意在于规范市场经济，增加竞争的有效性，以促进经济发展的整体平衡（Murphy 等，1993）。但是，当这种准入权力演变成为一种稀缺资源时，政府和企业家均会垂涎于这种准入权所带来的可预期垄断利润，基于这样的前提，准入资格将成为一种商品，其利润会在权力行使前的政府与企业之间瓜分，瓜分的渠道便是政企互动过程中所形成的政治关联。而最初的行业准入管制在此刻已经出离了本意，市场的有效性遭到破坏。

二、政治关联的信息效应

（一）政策信息效应

改革开放40年，历程复杂，道路曲折，"摸着石头过河"一直贯穿于中国的渐进式改革中。在此期间，政府的政策出台频率和变更次数一直相对较高，很多政策在执行期间存在"试错"性。这样的大背景为企业的经营带来了较大的不确定性，尤其是那些远离政府的民营企业。在残酷的市场竞争中，无法把握政策走向会为企业的生产和发展策略的制定带来很高的风险。因此，民营企业建立政治关联具有重要现实意义，他们通过与政府接触，可以更多、更准确地掌握政策信息，化解政策风险，我们在这里称之为政治关联的政策信息效应（Tan 等，1994；吴晓波，2007）。

（二）融资信息效应

在中国的资金市场上，上市公司经营信息的选择性披露现象严重，使得资金的供求双方对于企业未来的经营状况很难做到有效估计。资本市场中的有效信息少，信息从整体而言呈现出高度的不对称，导致了资金市场中的逆向选择问题。而多数缺少经营业绩的民营企业由于无法提供有效的信誉保障，在资金市场的竞争中处于劣势，存在明显的融资约束问题（林毅夫和李永军，2001；白重恩等，2005）。企业的信誉是解决信息不对称的关键因素。经验证据显示，能够建立政治关联的企业通常在未来都取得了较好的业绩。政治关联在某种程度上能够成为代表企业经营能力的有效信号，他们可以在未来经营的多个环节中展现出自己的竞争能力和未来可预期的发展优势，这样的优势在资金市场的竞争中体现为一种信誉，能够降低资金供求双方之间的信息不对称程度，减少资本市场中的逆向选择问题，为企业融资提供信誉保证。政治关联在这里起到了传递信息的作用，我们称之为信息效应（于蔚，2013）。

在资本市场中，企业在向银行申请贷款时，经营业绩差的企业会通过多方位的包装来冒充前景良好的优质企业以获取贷款。在发达国家相对成熟的资本市场中，完善的评级机构和审计机构会对企业的未来经营绩效进行较为准确的评估，道德风险产生的可能性较低。而中国目前的资本市场还处于发展阶段，从基础设施到信用体系建设都难言完善，同时，包括从业人员的技术能力、业务范围能力都与发达国家的评级机构存在着较大差距。因此，其所产出的研究报告质量很难得到市场的充分认可，这还要排除评级机构本身可能存在的道德风险。如上种种，使中国现有资本市场的有效信息来源渠道极为有限。资金供给方无法区分贷款企业的优劣，也就无法保证自己的投资收益；资本市场中资金配置的有效性差，存在着大量的逆向选择行为，导致了很多有发展潜力企业的融资困难。因此，民营企业会选择政治关联的方式来提高自己的业内声誉，降低资金供给方的判断成本和其自身被预期的道德风险，以获得贷款层面的竞争优势。

中国社会科学院和《证券时报》曾在 2011 年联合发布了一份有关上市公司非财务信息披露程度的报告。研究以打分的形式对目前上市公司的信息披露情况进行评价（满分为 100 分），结果显示，沪深 300 指数成分股上市公司的信息披露平均得分仅为 29.8 分，说明资本市场中的很多大型蓝筹股上市公司并没有起到承担社会责任的表率作用，他们在很大程度上存在着信息的择时披露并可能通过信息的管理来获取投机利润。从整个样本来看，99% 的企业平均分低于 60 分，还有近 33% 的企业低于 20 分。这些缺失的信息正是企业未来业绩的预测基础，也是投资者评估企业价值、进行投资决策的必要参考依据。如果相关部门不能有效缓解这种现状，整个资本市场将长期面临着上市公司的道德风险，这种风险将可能逐渐累积为金融风险甚至引发金融危机。

三、政治关联的保护效应

市场机制的不完善使存在权属劣势企业的发展需要付出更多的努力以应对可能发生的产权、经营权的被侵犯或其他恶性竞争带来的生存威胁。它们要么通过技术创新、企业组织能力及信用水平的提升来增强自己在市场中的地位，要么寻求一种保护机制如通过建立政治关联来获取政府力量以应对随时可能发生的机会主义侵害（罗党论和唐清泉，2009）。总而言之，如果企业可以通过建立政治关联的方式来弥补先天的权属性质劣势，便可以利用这种替代性机制在多个方面获得更好的产权保护。我们也找到了实证层面的支持，王永进（2010）曾利用世界银行的数据对中国企业的投资环境进行了研究。结果显示，当企业发生商业纠纷时，拥有政治关联企业的契约和产权获得了更高的维权效率，说明企业建立政治关联，能够有效降低企业可能遭受的法律上的不公正，改善企业的契约环境。

四、政治关联的声誉效应

从某种意义上看，政治关联的形成前提是政府与企业在互动过程中的双向认可，这种获取机制也决定了政治关联所具有的天然选择效应。相比于无关联企业，有能力建立政治关联的企业通常更可能是经营效率较高的优质企业。从关联建立的渠道来看：一方面是政府及政府官员出于管辖区域内的经济增长和执政业绩的考虑，会通过培养龙头企业、树立企业家典型等方式来推出本地区的执政亮点，同时给予企业家相应的政治荣誉和地位，增加其社会曝光度以制造辖区经济发展的品牌效应；另一方面则是只有有能力的企业家才具有更大的可能性在关联竞争中获胜，因为政治关联人物也会尽可能挑选经营前景更好的企业来建立政治关联，以保证这种稳定政企关系的可持续性。无论从哪一方面来看，优质企业和企业家都更可能在关联竞争中获胜，成为政府官员的利益相关者和政治追随者。显而易见，这样的双向选择所产生的关联企业将成为业界内的准明星。企业拥有了政治关联，不但获得了一系列可能的后续资源、信息等优势，其产生的声誉效应更是可以成为企业发展的重大潜在优势。这样的优势使企业在发展中一呼百应，无论在资金的获取、合作伙伴的选择以及发展机会方面都具有其他企业无法比拟的优势。因此，政治关联可被视为反映企业未来经营表现的一种重要声誉机制（孙锋等，2005），在信息不对称的市场中能够更多地获得发展机遇。

第二节　政治关联的长期不利影响

政治关联能够长期地稳定存在，必然会给特定的企业和政府官员带来诸多益处。在企业方面，包括必要时候的产权和契约保护，突破壁垒而获得行业进入权和发展机会，以及获得政府补贴、税收优惠、廉价的资金和土地等。对政府官员而言，主要是需要关联企业保障自己执政周期内的政绩水平，包括对辖区内的就业保障、税收保障，公益事业的投资支持以及必要时候的捐赠等慈善行为，这种因非市场竞争和企业发展而进行的无谓损耗将对企业的生产经营产生巨大影响。同时，一旦企业习惯于获取这种非竞争性的资源，那么，其长期的发展策略和经营习惯都将被扭曲，企业家精神不再，更不必说内在的核心竞争力发展，最终企业的发展受到阻碍，甚至灭亡。

一、政治关联对于企业成长的影响

（一）抑制和损害企业的核心竞争力

企业的可持续发展离不开其内在的核心竞争力，这里的核心竞争力包括前沿技术、品牌和企业文化等能够展现企业发展前景的要素，而这些要素的培育和养成则需要企业长时期地投入大量精力。在建立政治关联时，企业本身便会消耗一定的精力和资源，而关联后企业资源的易得和所受到的特殊保护都会在相当程度上弱化企业原有的竞争意识和所在区域的竞争环境。反过来，政治关联作为企业短期发展的占优策略，其选择下来的企业也将是更加注重政府关系维护而欠缺核心竞争力培养的企业。长此以往，将会产生的一个严重后果是，缺乏核心竞争力的企业每当因自身实力不足而无法获取生存和发展所需的资源和机会时，便会寻求关联官员的帮助。这样的恶性循环会向整个行业蔓延，使政府的"援助之手"成为稀缺资源，经济模式将逐步从能力竞争转为租金竞争，导致无人再关注实业的发展，整个经济将逐步走向衰退。

（二）政治附庸与政治风险

企业建立政治关联后，其可能面临的另一个问题是政治风险。政府官员在对企业提供大量发展资源的同时也会基于自身需要去干预企业的经营策略，使企业的经营自主权遭到破坏。包括在就业危机时施加给企业的裁员禁令，在企业无扩张意愿时责令其并购辖区内的困难企业，赞助政府主导的某些公益活动以及在捐赠和慈善行业方面有所作为。这些行为只是单方面的贡献于政府的政绩工程及维稳工作，而对于企业本身的发展并无益处。虽然企业建立政治关联能够在短期内改善其会计绩效，但是在长期的发展过程中，频繁地应对政府的种种要求将对企业的经营和发展策略的执行产生较大的负面效应。与此同时，关联企业还需要承受巨大的政治风险。为建立关联而大量投入的企业只有在下一期的经营中获得超额利润才能保证其生存和发展，如无法实现预期收益，其在同业竞争中将处于下风。另外，关联过程中难免会出现权钱交易、资源交换等违法行为，这些潜在的隐患会使二者的关系由起初的利益相通演变为最后的"同舟共济"。

二、政治关联对经济体系的影响

除了对企业自身发展可能造成的负面影响，政治关联还会长期性地通过意识形态层面的渗透而使整个社会的软环境遭到破坏，包括对企业家精神的侵蚀、社会戾气的加重等，严重影响企业的生产和民众的生活质量。其所形成潜在隐患的长期堆积会逐步渗透于经济体系的各个层面，产生深远而不可逆的后果。

（一）损害产品品质与工程质量

从过往的文献中，我们可以获得一个极为稳定的经验证据，工程类企业的施工质量会与所在区域的制度环境、腐败程度呈现负相关关系。这种关系很容易解释，政治关联能够为企业提供更宽松的营商环境，企业也需要在提供政治租金的同时实现利润最大化。在以价格为竞争核心的市场中，企业为挤出这部分租金只能在生产的产品和工程质量方面下功夫。他们会尽可能地节约生产成本，甚至会人为地偷工减料，其对社会经济发展及人民生活水平的影响不言而喻。因此，政治关联的盛行也意味着部分财富要以政治租金的形式流入官员腰包，而这部分租金对于整个经济体系的影响将呈现于涉及民众生活的终端产品质量上，民生水平的下滑几乎成为必然。

（二）破坏公平的竞争环境

政治关联企业可以凭借政府的力量获得资源、信息、政策保护以及声誉效应，这对于生存于同一个空间的其他企业来说，显然是不公平的。然而，这种关联效应在新兴市场国家往往更为严重，较差的法律环境使社会对于政企间这种利益交换的监督能力和惩罚能力都十分有限，政府与关联企业在不断地互动中获得政治租金，甚至会主动出台一些阻碍公平竞争的政策以帮助关联企业获取额外收益，比如通过提高行业进入门槛来保持关联企业的垄断经营。这种状况会抑制企业家的创新精神，更为严重的是，它会破坏整个社会的竞争环境。无公平可言的市场环境中，由于竞争的获胜是无效的，因此，企业家不再追求产品质量的卓越，而是将大量的精力关注于政治资源的获取上。而无法获得政治资源的企业则被视为市场中的弱势群体，在饱受排挤的过程中逐步退出市场。在这个过程中，市场竞争被弱化的同时也使全社会对于这种不公更加痛恨，戾气漫溢而无法消解。严重的政治关联还会使市场出现对于人力资本的逆向选择，人们对政治关联重要性的预期会使那些平民创业者望而却步，而最终留存下来的是那些善于搞关系或本身拥有政治资源的企业家。

（三）危害收入的公平分配

政治关联的盛行会在一定程度上增加政府官员的议价欲望。作为资源的供给者，官员显然具备更大的谈判力，他们会在渴求政治资源的企业中选择可获取租金最多的企业进行关联，而企业为了谋求这种关系也会竭尽全力地满足官员需求。但是，就企业生产经营而言，政治关联企业的核心能力建设在投入有限的情况下显然不会取得突出成绩，这就意味着其终端产品价格难以获得显著的提升。另外，当欠缺核心能力的企业占据市场时，同质的低品质产品将成为市场上的主流商品，这一层级商品的竞争主要表现为价格竞争，其实质为成本的竞争。两种情况的叠加意味着此时的企业若想挤出政治关联所需的租金，只能在寻求廉价资源的过程中极力压低成本，其中就包括上游供应商的中间产品价格和人力资本市场中的劳动力价格。因此，社会中的部分企业及员工的收入会在这种成本竞争中发生下降，整个社会呈现出一个收入的两极分化趋势。

（四）危险的政经联盟

政治关联形成以后，企业家与政府官员都十分清楚自己在这种互动中所扮演的角色。在对视的过程中，企业家希望政府官员能够保持稳定的政治地位甚至获得升迁，而政府官员则希望企业家可以竭尽全力地提升其任期内政绩并成为自己忠实的政治追随者。因此，企业家会积极地提供资金与人脉支持政府官员的政绩工程，而政府官员也会在获得晋升后回报于企业更多的资源与发展机遇。这种稳定的恶性互动使政经的联盟关系越来越紧密，二者从起初基于利益层面的合作逐渐演变为一种共同进退的联盟形式，其在对整个国家经济产生危害的同时也会一定程度地危害政体健康，当这种非良性的政治野心逐步膨胀，便可能为国家安全埋下隐患。

本章小结

对于转型经济体而言，薄弱的经济基础与技术支持、落后的产业结构与发展模式以及较差的制度环境都会使企业在发展过程中更易于向政府靠拢，政治关联能够使其轻而易举地占据市场的优势地位。由于没有核心竞争力和民众消费能力作为支持，企业的产品定位只能游走于国内低端消费品市场，整个市场也无法提供一个激励创新的环境。更令人担忧的是，这种情况会使企业对政治关联的依赖愈发严重，在政府官员同样需要企业为其提供晋升支持的背景下，二者的恶性互动很容易结成稳定联盟。这种联盟虽然可以在短期内帮助企业谋求发展，但从长期来看，对于整个国家的政治、经济都会产生难以逆转的负面效应，企业长期的饮鸩止渴使企业家失去创新精神，使经济的增长失去原动力。在微观层面，对于涉及民生的产品、工程质量以及整个社会的软环境都将产生不同程度的危害。

第四章 制度环境与企业成长的
战略选择：理论与模型

通常而言，积极构建政治关联的企业能够得到政府良好的对待和更多的关注，从而在市场竞争中获得优势。但部分学者持有相反的观点，他们认为企业的政治行为终归是一种非生产性行为，如果认为企业将大量精力投入政治领域的目的在于获得制度、政策等的红利，就应同时考虑到制度环境的改变对于二者关系的反作用，包括政治关联企业在寻租活动时的成本付出会削弱政治关联所带来的优势（Faccio，2002），非效率投资行为对于政治关联企业价值的降低效应（Claessens 等，2006）以及可预期租金耗散所带来的负面评价。因此，政治关联在对企业成长施加影响的同时，其实施效果也会受到经济环境、法律环境以及政治环境等多方面的影响，我们将上述统称为制度环境，即政府与企业互动的过程中会带动周围制度环境的改变，二者关系的复杂程度远超过以往研究的预期。

本章以考察制度环境对企业成长的影响为前提，构建一个存在品质差异的价格竞争模型，并将制度环境纳入该模型中，以对这一问题进行相对深入的理论层面分析。在现实的企业生产经营过程中，制度环境对于企业的影响已经不止于某一单一维度，除了对企业的组织结构设计、内部文化环境、人力资本规划等方面的影响外，制度环境甚至已经成为决定企业战略行为选择的重要影响因素。中国作为一个转型的经济体，其制度环境无论从地理跨度的横向还是时间跨度的纵向进行考察，其伴随政策的每一次变革都带有鲜明的自身特色，这样的样本对于我们认识制度环境的作用机制显然具有较大的研究价值。本章将中国企业制度环境特点分析贯穿于整个研究中，试图探索这一情景要素的重要作用机制。

第一节　制度环境的理论与发展

一、制度环境的理论基础

组织理论学者在研究中认为组织在发展与成长的过程中存在资源的依赖性。除了本身的内部控制以外，一个企业的成长离不开外部环境所提供的资源，其资源的获取方式以及同方式下的获取效率都会受到不同社会情景因素的制约，这种情境因素即是一种制度环境。很多经验证据也表明，制度环境对于企业在关联后的包括资源、信息、保护等效应能够产生强化作用。中国是一个市场经济体制还不完善的新兴经济体，企业所处的外部环境对资源的掌控能力较强，这势必会大幅度地提高企业以关联权力主体的方式来获得发展资源的愿望，以期缓解外部环境对自身发展的制约。在组织理论学派中，大多数学者认为制度环境能够影响企业的行为，企业也会根据不同的制度环境来调整自己的行为，包括一些细微的经营方式以及宏观层面的战略选择等都会受到制度环境的影响。来源于组织社会学的解释是，企业为了合法性地追求效率会根据外部制度环境进行适时、适地的行为修正。

制度环境（Institutional Environments）是一个相对宽泛的概念，通常而言，是指制度的受众主体所处的外部环境。在组织学派的解释中，制度环境是存在于某一特定场域的组织，受到类似于规范或社会期望等支配性力量的影响，从而实现该场域中对于所有利益相关主体的共同作用（Kraatz 和 Zajac，1996）。而经典经济学的解释则更具有包容性，其认为制度环境是一系列政治、社会和法律的基础规则以及来源于非正式领域的规范、习俗和社会传统等，可使人们通过选择制度安排来追求自身利益的增进而受到特定的、稳定的限制。

单就制度理论而言，其核心命题是强调制度环境对于企业行为与决策以及个人行动的影响（Scott，1995）。因此，前文所提到的规章、规范和认知对社会活动的稳定作用在这里会伴随着外部环境的变化而发生演变。在社会制度的发展变迁过程中，企业作为组织的一种，除了因长期经营发展而产生的相对稳定的组织结构和企业文化以外（Meyer 和 Rowan，1977），包括社会环境、经济环境、法律环境以及微观层面的供应商、竞争者、消费者和规制者等共同构成组织的外部制度环境（Di Maggio 和 Powell，1983），都能够对企业产生非常深刻的影响。对于转型的经济体而言，其经济的快速、持续发展使曾经的非正式制度因法律的完善及改革的推进而逐步合法化。而对依然存在于制度之外的生产经营行为，基于规范和认知的非正式制度相较于正式制度较快的变迁速度却要经历一个复杂、长期的变革历程（North，1990）。而另一方面，不同地区受文化习俗、生活习惯等因素的影响，其拥有非正式制度的数量及偏离规范制度的程度会有所差异，这使得不同区域制度环境随着时间的推移及正式制度改革次数的增加而产生了地区性的差异。由于制度是由地方政府进行供给，而不同地区政府的执行效率和方向因各种原因而有所差异，这便在另一个维度上造成了很多禀赋相似的地区随着时间的推移也出现了制度环境差异的现象。

二、基于制度环境的企业发展战略观

制度环境能够对所在区域企业的长期发展战略产生深远影响，包括新生企业的图存与成熟企业的追求领先市场地位。一个良好的制度环境能够引导企业将发展目光定位于长远并获得高质量的发展。企业战略管理理论的发展受制于多个学派的理论，在制度环境的不断变化和区域制度差异逐渐显著的背景下，相较于传统的基于匹配和资源的战略观，后期学者们所提出的基于制度的发展战略观则更具有动态视角并为当今的企业发展战略管理研究提供了新的方向。

在现实生产中，由于制度环境本身的变化和地区间制度水平差异大小的不断变化，企业在进行跨区域经营时，其交易成本的高低和所面对市场的有效程度都会受到上述不确定性的影响。因此，在新兴市场国家或转型经济体的企业发展战略研究中，制度环境始终是学者们关注的首要内容，不同区域间的制度环境差异往往是解释特定企业战略产生、演变和调整的最有效理论模式。

早在20世纪60年代，劳伦斯和洛尔施（Lawrence 和 Lorsch，1969）便在其研究中提出制度环境对于企业发展战略的影响作用。随着制度战略观的不断发展和深入，学界对于制度与企业发展关系呈现出两个理论方向：一个是将制度视为企业进行战略选择的外部条件，即将制度作为外生变量来研究其对企业战略决策的影响；另一个是以组织层面的不同制度观为基础，将制度作为内生变量来研究二者相互作用的发展过程。而在现代制度理论学派逐步形成后，企业的组织架构、制度环境与战略发展观被逐步整合，二者的关系成为一项综合的复杂研究。近年来，随着新兴经济体的不断涌现，他们基于原有基础而实现的突飞猛进以及其对于全球政治、经济的影响力越来越突出，学者们开始思考技术和资源以外可以对企业成长产生影响的因素，基于制度环境的战略观开始引发学界的关注和研究兴趣。

（一）制度环境战略观的理论基础

如果对制度环境战略观的理论渊源进行追溯，来自制度经济学派的交易成本经济学理论和制度经济学理论是其发展的两个重要理论支点。尤其是在交易成本理论提出后，企业的存在相对于市场价格机制在追求经济效率方面的优势及其内在解释机制都受到了广泛关注。威廉姆森（Williamson）在1985年对于企业的效率边界问题进行了开拓性的研究，认为在不同的组织形式中，交易成本具有不同的效率特性。企业基于利益最大化的目的会演化成不同的内部组织结构并制定出不同的战略决策，其效率边界会受到外部环境和内部组织结构的共同影响。因此，企业的交易成本战略理论研究的命题主要围绕两方面：一是企业交易成本与其内部层级治理模式的相互影响；二是怎样的制度安排可以降低企业交易中的不确定性并减少交易成本，规避企业发展风险并提升企业价值。从制度经济学的理论来看，企业从建立的那一刻起便一直运行于由社会规范、价值体系以及一系列为社会所认可的机制框架中，这个框架决定了基于制度层面的企业的行为边界（Oliver，1997）。从制度在经济中的作用来看，企业存在的意义在于通过建立一个稳定的结构，以实现经济中的行为主体在互动过程中能够实现交易成本及信息成本的最小化（North，1990），使市场的效率更高。基于制度经济学理论分析的主要作用在于充分认识企业行为的惯例作用、企业对社会适应性的发展过程以及企业行为的理性界限，而非只局限于企业行为的理性决策与利益最大化（Scott，1995）。

（二）制度环境战略观的核心内容

一直以来，学界对于制度概念的阐述主要围绕着人与人之间的规则或社会组织之间的结构和机制框架。诺斯的定义则更注重制度的约束性，强调成员对于规章或准则的遵守意义。如果围绕规章或准则的层面进行展开，那么，基于广义约束性的制度便可以分为正式制度和非正式制度。以斯科特（Scott）为代表的早期制度理论学者所提出的制度概念主要包括三个重要因素：规则、规范和认知，受这三方面约束的社会将在趋于稳定的过程中使社会活动主体的行为产生意义。规则强调行为主体法律层面的强制性权利，规范强调其道德层面的正外部性意识，而认知则是内化于个人或企业行为的价值观或信仰。前者是制度框架中的正式制度，来源于宏观层面的政府行为；后两者属于制度框架中的非正式制度，来源于微观层面的意识形态。企业在面对无效制度时，迫于生存的需要，会试图规避正式制度的约束，寻找擦边于制度的发展空间。忽略了正式规则的个体在决策时更不会考虑道德层面的规范，企业个体的认知将完全围绕提升其适存性为前提，寻找正式制度的替代机制。

制度战略观的核心假设主要提出了两个层面的作用机制：一是在受到

制度的约束下，企业的理性选择是积极地追求利益，并基于此作出相应的战略选择；二是在正式制度和非正式制度共存的组织环境中，正式制度的规制效应如果无法发挥作用，非正式制度能够帮助企业减少不确定性，即非正式制度对正式制度具有一定的替代性。基于制度战略观的核心观点认为，除企业所拥有的资源驱动其决策以外（Barney，1991），企业的战略选择主要受到其所面临制度框架中的正式和非正式制度的影响（Scott，1995），强调制度的战略作用，经济行为的选择会受到准则、习惯、风俗等社会性结构规制的影响。正式制度是企业生存和发展的条件，它可以通过限制可接受行为的范围来影响企业战略行为，同样，企业对社会期望的认同也有助于组织的生存和发展。

第二节 中国企业的制度环境及其演变

制度环境是基于一种公认规则的引导来使其中的组织具有合法性机制，广义的制度环境更多地强调组织对于这种通用规则的接受和遵守，至于组织的运作效率并非制度所关注的重点。由于制度的存在要以遵守为前提，组织的战略选择与行为就在很大程度上受到了其所处制度环境的影响与制约，在相对简单的经济环境中，制度能够使辖区内的企业经营更加有序，实现一个长期的稳定状态。但中国多年发展所形成的历史文化背景、发展模式、禀赋差异以及较大的区域间制度环境差异，对于很多企业尤其是非公有制企业来说将很难获得一个公平的发展环境。中国的多数民营企业便是在相对不利的制度环境与政策环境的夹缝中成长起来的，在产生之后很长的一段时期内，都需要努力顺应制度要求并寻找制度机会来获得发展条件，也需要全力以赴地争取生存与发展所需要的其他关键资源。本节只阐述非公有制企业的制度环境变迁历程。

一、中国非公有制企业的制度环境变迁

1978 年以后，中国开始大规模地出现非公有制企业，其产生与发展的一个重要依托是农村家庭联产承包责任制的出现。"包干到户"使得大量农村劳动力被解放出来，他们在完成本户的生产任务后，有能力参与到工业、商业、建筑业、交通运输业等领域的建设中，使得非公有制经济迅速发展壮大。改革开放 40 年来，非公有制企业发展所处的制度环境经历了逐渐完善、不断优化的过程，即由非正式制度约束主导环境不断向正式制度约束主导环境演进。该过程大致可以划分为以下四个阶段。

(一) 1978—1988 年

1981 年 10 月 17 日，中共中央、国务院在《关于广开门路、搞活经济，解决城镇就业问题的若干决定》中提出，多种经济形式和经营方式的长期并存是国家建设的一项战略决策，不再是权宜之计。这表明了国家对非公有制经济的管制开始松动，非公有制经济得到了初步认可。1982 年 12 月，第五届全国人大五次会议把"发展和保护个体经济"写入《宪法》中，非公有制经济首次得到了明确的法律保护。1987 年 10 月，党的十三大首次在会议中为非公有制经济正名，指出在社会主义建设的初级阶段，存在私营经济的所有制结构，这极大地鼓舞了中国非公有制经济的发展。1988 年的《宪法修正案》再次明确提出个体经济和私营经济是社会主义公有制经济的必要补充，并在同年颁布的《中华人民共和国私营企业暂行条例》中以法律的形式承认了非公有制经济在中国的合法地位。

(二) 1989—1991 年

在这一阶段，国内对于非公有制经济发展的认识出现了波动，很多人认为发展非公有制经济就是在发展资本主义。中共中央、国务院在政策实施中进行了彻底清查个体、私营经济偷税漏税等历史问题的做法，民营企业的发展受到一定影响。

（三）1992—1996 年

1992 年 10 月，党的十四大提出：在所有制结构上以公有制包括全民所有制和集体所有制经济为主体，个体经济、私营经济、外资经济为补充，多种经济成分长期共同发展，使民营企业的所有制地位得到了一定程度的恢复。在随后国家出台的多项政策中，多数是以鼓励非公有制企业发展为主，中国的非公有制企业在资源和发展机会的获取上拥有了更多的途径，其地位也得到了进一步提升，整个非公有制经济在波动中逐渐成长。

（四）1997 年后

中共中央、国务院于 1999 年和 2004 年的两次宪法修改提出了多项有关肯定非公有制经济地位，并鼓励、支持和引导其发展的方针政策，政策的实施进一步明确了非公有制经济在中国社会制度中的法律地位、权利和作用，从而为中国非公有制经济发展从根本上扫除了制度障碍。之后的"非公经济 36 条"、《物权法》以及其他一系列推动非公有制经济发展政策的陆续出台，标志着我国促进民营企业经济发展的政策体系已经基本建立。

二、中国企业当前制度环境的特点

外部环境是决定企业成长的重要因素，也是身处于其中的个体所无法改变的，所以就多数个体而言，只能去适应环境。群体的共同努力可以改变环境，企业所面临制度环境的改变同样需要群体的努力。在社会经济的讨论框架中，包括了企业家、政府官员以及社会舆论，如果社会中的上述个体能够形成共识并同心协力，那么制度环境就可以得到改善，其改善对于企业的成长也具有决定性意义。在库玛尔、拉詹和津加莱斯（Kumar、Rajan 和 Zingales，1999）对 15 个欧盟国家的实证研究中发现，在市场规模足够大的国家，如果政府能够提供较高效率的制度和较好的产权保护，那么其企业的规模和成长空间也会更大。中国企业成长，在很大程度上也取决于制度带来的许多约束。这种约束存在以下两个特点。

（一）非正式制度约束的长期存在

由于整体制度环境的不尽完善，许多非公有制企业需要在正式制度的空隙中寻找非正式制度以为自己的发展提供空间。尽管随着制度环境的逐渐完善，正式制度约束主导环境的特征越来越明显，但非正式制度约束在一定范围和一定时间内还将长期存在。这种情况产生的一个重要原因是，中国一直处在经济转型的阶段，这个特殊时期存在着新旧制度的交替，交替的过程会伴随着阶段性的制度缺失以及新旧制度产生的冲突和融合。同时，制度与政策执行过程中执行者在主观裁量方面的差别，都能够在较大的程度上造成企业所面临制度环境的不确定性，这样的不确定性意味着在一定范围内依然存在对非公有制经济的不利因素歧视，非公有制企业的发展依然需要寻找非正式制度。

（二）不同区域企业所面临的制度环境存在较大差异

改革开放以来，中央与地方各级政府的放权一直采用逐步推进的方式。包括政治体制改革、经济体制改革以及对外开放的政策，很多政策的执行以部分地区或部分城市的试点为基础，在取得了良好的经验效果之后，再进行全面与普遍的推广。这种逐步放权式造成了中国不同区域的经济社会发展的不平衡，很多先行城市在原有的政策优势基础上获得了发展的领先，其所属企业也获得了更高的市场占有率，同时较好的经济现状和人文环境也使该区域的制度环境建设能够更容易地形成良性循环。随着时间的推移，各区域的制度环境差异逐步被拉大。另外，制度环境的差异还会造成市场的分散性或市场分割，落后地区无论从制度环境现状还是禀赋现状都不具备迎头赶上的条件，长期存在的市场分割难以实现统一的市场，不同区域、不同权属性质的企业会面临不同的制度环境，这样的背景对于政府的制度供给、宏观经济的调控以及企业的发展战略安排都会产生不同程度的影响。

第三节　纳入制度环境的企业成长最优战略选择：理论模型构建

在过往对企业成长理论的研究中，很多学者基于产业组织理论和混合寡头的理论框架，对国企改革与民企发展以及二者之间的互动关系进行了长期的讨论并得到一个有吸引力的结论：民营企业的发展推动了国有企业的市场化改革，市场环境的改善又反过来为民营企业提供了更多的发展空间（曲延芬，2006）。然而无法回避的是，他们对发展空间增加所能提供的证据仅仅是企业规模的扩张，而忽略了企业成长的本质：内在能力的提升。对于一个国家而言，作为社会活动主体的企业能够获得更强有力市场竞争力（如技术优势），是其能够保持长期平稳增长的微观基础。现实中的企业为了赢得生存和成长的机会，可能会通过种种手段提高市场占有率，但不以核心竞争力为依托的盲目扩张将无法保证企业的成长质量，会造成企业长期发展中的隐患，一旦这些隐患浮出水面，可能对其发展产生灾难性后果。因此，企业能否将核心竞争力的建设放在重要位置对于其在市场的存续意义重大。

对地方政府而言，分权体制所形成的辖区间竞争会促使其向工商企业伸出扶持之手，官员们在争夺政治资源的同时会导致政治关联的门槛变得更低。即便如此，整体的现状也难以保证政治关联会成为企业的一笔稳定且划算的买卖。毕竟，官员们作为自然人随时有可能因为私利而利用手中所掌握的公共资源来获得超出企业预期的租金收益甚至直接干预企业的发展策略。因此，基于企业的视角，官员在执政周期内的策略选择变化可能会影响到企业的政治关联成本，某些时刻的成本降低使企业有足够理由去建立关联，但以个人利益为决策出发点的官员，其行为具有不可预期性。因此，从长远来看，企业对于自身的能力建设更具有掌控力和战略意义。

本研究所讨论的核心是企业的战略选择问题。在企业成长的过程中，会受到多方面因素的影响，也会面临着多重的选择。为了获得一个更为清晰的研究框架，同时理顺变量之间的关系，本章以某个特定的时间和政治经济环境为起点，在不考虑辖区内企业之间竞争的情况下，通过引入制度环境变量来考察现存于某个行业的企业将在政治关联和能力建设之间作何选择。经济的长期增长依靠于技术进步，即核心竞争力的发展水平。而生产环节中的企业进行核心竞争力的建设内容和途径非常复杂，因此在不影响本研究所讨论核心要义的前提下，为方便行文和建模，我们将企业各种促进核心竞争力建设的活动统称为可以提高产品质量的能力建设。模型以存在品质差异的价格竞争模型为基础，引入政治关联和反映企业生存现状的制度环境。同时，为增加模型的解释力以及后期对于企业决策选择的讨论，对消费群体的状况进行了尽可能细致的描述，包括消费者对产品品质差异的偏好程度区分，偏好分布密度的量化表达，以争取实现对该问题做一个比较系统的回答。模型的构建依托于蒂罗尔（Tirole）的主流范式，在引入制度环境的基础上建立一个存在品质差异的价格竞争模型。

一、消费者偏好与市场需求描述

在特定政治经济环境下，经济体中拥有的消费者数量为 S，对于单个消费者而言，其对于市场中的某一种商品的潜在需求为一个单位。

市场中的企业可以生产出不同品质的商品，消费者对产品质量有所追求，他们对于不同品质的产品存在偏好差异。在这里假设，经济体中的一个品质偏好强度为 μ 的消费者，可以通过支付价格 p 来购买一单位品质状况为 m 的商品，拥有该商品可以使该消费者获得净盈余 $\mu m - p$，其中 $\mu \in [\underline{\mu}, \overline{\mu}]$ 且 $\overline{\mu} = (1 + \varepsilon)\mu, \varepsilon > 0$。

通常情况下，一个经济体的整体经济发展水平和收入分配情况能够影响消费者偏好强度 μ 的分布。在这里，低端消费者的偏好强度为 $\underline{\mu}$，高端消费者的偏好强度为 $\overline{\mu}$。假设市场中具有上述两种特征的消费者数量分别为

xS 和 yS，则其他消费层次的消费者数量为 zS（$z = 1 - x - y$）。可以计算得出，中间消费层级的分布密度为 $\rho = \dfrac{zS}{\varepsilon \mu}$，这里认为他们是均匀地分布于高端消费者与低端消费者之间。考虑到厂商在决策时对消费群体的选择，假设 x、y、z 都足够大以至于在厂商的策略选择中不会被忽略。

二、企业生存环境与禀赋的描述

在不存在辖区竞争的某一个行业内，市场在 t_0 时期存在 k、l 两个企业，它们的生产经营水平相同且都没有建立政治关联。

如果两个企业均以市场中的价格获取各自所需的生产要素，那么，依据现有的生产能力，其产出商品的边际成本均为 c_0，产品品质为 m_0 的同质产品，为保证企业的延续性，这里 $c_0 \leqslant \overline{\mu} m_0$。

如果两个企业基于现有条件展开伯特兰德价格竞争，那么，在 k 企业定价时会认为 l 企业不会因其而变，则 t_0 时期两个企业对应的均衡价格策略为 $p_k^* = p_l^* = c_0$，市场份额会被两个企业平均分配，即 $Q_k^* = Q_l^* = \dfrac{1}{2}S$，其各自最终的实现利润为 $\pi_k^* = \pi_l^* = 0$。

若每个企业在决策初期拥有可支配资源的数量为 1。那么，企业在 t_0 时期可以有两个决策方向：一是将资源用于建立政治关联以降低发展中的资源获取成本，增加企业竞争力；二是投入企业能力建设的技术研发等工作中，通过提升产品品质来增加其产出商品的市场价格。

若在原有的环境下，企业发生策略改变，使用数量为 $U \in [0,1]$ 的资源去建立政治关联，则它在未来将得到更为廉价的公共资源，从而使该企业的单位生产成本下降为 $c_0 - r(U/0.5S)$，其中 $r'_U > 0, r''_U \leqslant 0$，为行文方便及简化讨论，在这里令 $r = \dfrac{a}{2} \cdot \dfrac{U}{S/2} = \dfrac{aU}{S}$，式中的参数 a（>2）是用来表示企业所处的制度环境，a 越大，代表政府对于企业的干预越多，干预能力越强，对应的制度环境越差。同时，企业将剩余数量为 $1 - U$ 的资源用于提升产品品质的能力建设，则其产出商品的品质在 t_1 时期可提升至 $m_1 = m_0 + \Delta m$ 的水平，其中 $\Delta m = b(1 - U)^\theta$。$b$ 和 θ 为用来描述产品品质提升的参数，其中 $b > 0, \theta \in (0, 1)$。

总体而言，模型的讨论核心是，在 t_0 期存在两个同质企业，他们在已有的 1 单位可用资源中进行政治关联或能力建设的选择，目的是降低生产成本或提高产品销售价格，以争取在 t_1 期的竞争中获得优势。

三、均衡的一般性讨论

首先，假设在 t_0 期，企业 l 更注重能力建设，其在政治关联中的投入少于企业 $k, U_k > U_l$。所以，企业 l 只能得到较少的政府资源，其边际生产成本下降的幅度更小，在这里 $r_l < r_k$。但到了 t_1 期，企业 l 可以生产出能够获得市场认可的更高品质产品 $m_l > m_k, p_l > p_k$，消费者根据产品质量来选择购买企业 l 产品的条件是：$\mu m_l - p_l \geqslant \mu m_k - p_k$。

那么，可得 $\mu^* = \dfrac{p_l - p_k}{m_l - m_k}$，当 $\mu \in [\mu^*, \bar{\mu}]$ 时，消费者会购买企业 l 的产品，市场会更加青睐注重能力建设的企业。反之，当 $\mu \in [\bar{\mu}, \mu^*]$ 时，消费者不会过于注重产品的品质，将选择价格更低的 k 企业产品。对应于现有策略的企业 k 和 l 的市场需求规模分别为 $Q_k = (\mu^* - \bar{\mu})\rho + xS$ 和 $Q_l = (\bar{\mu} - \mu^*)\rho + yS$。两个企业在 t_1 时期的价格策略最大化盈余可以描述如下：

$$
\begin{cases}
\max\pi_k = [p_k - (c_0 - r_k)]\left[\left(\dfrac{p_l - p_k}{m_l - m_k} - \bar{\mu}\right)\rho + xS\right] - 1 \\
\max\pi_l = [p_l - (c_0 - r_l)]\left[\left(\bar{\mu} - \dfrac{p_l - p_k}{m_l - m_k}\right)\rho + yS\right] - 1
\end{cases}
\tag{式 4-1}
$$

由式 4-1，求得两个企业实现该策略的必要条件是：

$$
\begin{cases}
\dfrac{\partial \pi_k}{\partial p_k} = \left(\dfrac{p_l - p_k}{m_l - m_k} - \bar{\mu}\right)\rho + xS - (p_k - c_0 + r_k)\dfrac{1}{m_l - m_k}\rho = 0 \\
\dfrac{\partial \pi_l}{\partial p_l} = \left(\bar{\mu} - \dfrac{p_l - p_k}{m_l - m_k}\right)\rho + yS - (p_l - c_0 + r_l)\dfrac{1}{m_l - m_k}\rho = 0
\end{cases}
\tag{式 4-2}
$$

解上述方程可得下式：

$$\begin{cases} p_k^* = c_0 + \dfrac{(1+x)\varepsilon\bar{\mu}b}{3(1-x-y)} - \dfrac{1}{3}[\bar{\mu}(m_l-m_k) + (2r_k+r_l)] \\[3mm] p_l^* = c_0 + \dfrac{(1+y)\varepsilon\bar{\mu}(m_l-m_k)}{3(1-x-y)} + \dfrac{1}{3}[\bar{\mu}(m_l-m_k) - (r_k+2r_l)] \end{cases} \quad （式4-3）$$

由于 $\mu^* = \dfrac{p_l - p_k}{m_l - m_k}$ ，代入可得：

$$\mu^* = \frac{1-2x}{3(1-x-y)}\varepsilon\bar{\mu} + \frac{2\bar{\mu}}{3} + \frac{(r_k - r_l)}{3(m_l - m_k)} \quad （式4-4）$$

企业生产过程中需要在先期投入固定性专用资产，如果企业在下一期利润为零，我们认为企业将不能存活。所以在讨论均衡的价格策略时，需要将企业的存活条件考虑进去，我们可以分别得到，企业 k 获得非负利润的条件是：

$$\begin{cases} \mu^* > \bar{\mu} \Rightarrow \dfrac{r_k - r_l}{\bar{\mu}(m_l - m_k)} > 1 - \dfrac{(1-2x)\varepsilon}{1-x-y} \\[3mm] p_k^* > c_0 - r_k \Rightarrow \dfrac{r_k - r_l}{\bar{\mu}(m_l - m_k)} > 1 - \dfrac{(1+x)\varepsilon}{1-x-y} \end{cases}$$

$$\Rightarrow \frac{r_k - r_l}{\bar{\mu}(m_l - m_k)} > 1 - \frac{(1-2x)\varepsilon}{1-x-y} \quad （式4-5）$$

企业 l 获得非负利润的条件是：

$$\begin{cases} \mu^* \leqslant \bar{\mu} \Rightarrow \dfrac{r_k - r_l}{\bar{\mu}(m_l - m_k)} \leqslant 1 + \varepsilon + \dfrac{(1-2y)\varepsilon}{1-x-y} \\[3mm] p_k^* \geqslant c_0 - r_k \Rightarrow \dfrac{r_k - r_l}{\bar{\mu}(m_l - m_k)} \leqslant 1 + \dfrac{(2-x)\varepsilon}{1-x-y} \end{cases} \quad （式4-6）$$

由上式可得：

$$\frac{r_k - r_l}{(1+\varepsilon)\bar{\mu}(m_l - m_k)} = \frac{r_k - r_l}{\bar{\mu}(m_l - m_k)} \leqslant 1 + \frac{(1-2y)\varepsilon}{(1-x-y)(1+\varepsilon)} \quad （式4-7）$$

当式4-5、式4-7同时成立时，即：

$$1 - \frac{(1-2x)\varepsilon}{1-x-y} < \frac{r_k - r_l}{\mu(m_l - m_k)} \leqslant 1 + \varepsilon + \frac{(1-2y)\varepsilon}{1-x-y} \qquad \text{（式4-8）}$$

两个企业可共存于市场，同时考虑到两个企业在 t_1 期的均衡价格，可计算出两个企业各自的可获得盈余为：

$$\begin{cases} \pi_k^* = \left\{ \frac{(1+x)\varepsilon}{1-x-y} + \left[\frac{r_k - r_l}{\mu(m_l - m_k)} - 1 \right] \right\}^2 \frac{\overline{\mu}(m_l - m_k)(1-x-y)S}{9\varepsilon} - 1 \\[3mm] \pi_l^* = \left\{ \frac{(1+y)\varepsilon}{1-x-y} + (1+\varepsilon)\left[1 - \frac{r_k - r_l}{\mu(m_l - m_k)} \right] \right\}^2 \frac{\overline{\mu}(m_l - m_k)(1-x-y)S}{9\varepsilon} - 1 \end{cases}$$

$$\text{（式4-9）}$$

接下来，基于本研究的研究目的，我们讨论政治关联企业被淘汰的均衡条件：

设在 t_0 期，企业 k、l 选择的策略组合为（政治关联、能力建设），则企业 k 在该时期能够生产出品质为 m_0 的低档商品，但其获得的政府资源可以使边际成本下降为 $c_0 - \frac{a}{S}$，企业 l 生产出品质为 $m_0 + b$，边际成本为 c_0 的产品。那么，该策略下两企业的生存条件分别为：

$$\begin{cases} 1 - \frac{(1-2x)\varepsilon}{1-x-y} < \frac{a/S}{\overline{\mu}b} & \text{（式4-10）} \\[3mm] \frac{a/S}{\overline{\mu}b} \leqslant 1 + \frac{(1-2y)\varepsilon}{(1-x-y)(1+\varepsilon)} & \text{（式4-11）} \end{cases}$$

可以根据式4-9、式4-10求得企业 k、l 在时期 t_1 的纳什均衡及盈余：

$$\begin{cases} p_k^* = c_0 + \frac{(1+x)\varepsilon \overline{\mu}b}{3(1-x-y)} - \frac{1}{3}\left(\overline{\mu}b + \frac{2a}{S} \right) \\[3mm] p_l^* = c_0 + \frac{(1+y)\varepsilon \overline{\mu}b}{3(1-x-y)} + \frac{1}{3}\left(\overline{\mu}b - \frac{a}{S} \right) \end{cases} \qquad \text{（式4-12）}$$

$$\begin{cases} \pi_k^* = \left[\dfrac{(1+x)\varepsilon}{1-x-y} + \left(\dfrac{a/S}{\overline{\mu}b} - 1 \right) \right]^2 \dfrac{\overline{\mu}b(1-x-y)S}{9\varepsilon} - 1 \\[4mm] \pi_l^* = \left[\dfrac{(1+y)\varepsilon}{1-x-y} + (1+\varepsilon)\left(1 - \dfrac{a/S}{\overline{\mu}b} \right) \right]^2 \dfrac{\overline{\mu}b(1-x-y)S}{9\varepsilon} - 1 \end{cases}$$

（式 4 - 13）

在遵循政治关联企业 k 得不到市场份额的条件下，需要使 $\mu^* \leqslant \overline{\mu}$，可得：

$$\frac{a/S}{\overline{\mu}b} \leqslant 1 - \frac{(1-2x)\varepsilon}{1-x-y}$$

（式 4 - 14）

同时需要满足企业 k 无法选择低价格策略，即 k 企业最多降价至：

$$p_k^{*'} = c_0 - r_k = c_0 - \frac{a}{S}$$

如果此时的企业 l 可以满足下述条件即可挤出 k 企业的所有市场份额：

$$\begin{cases} \overline{\mu}(m+b) - p'_l \geqslant \overline{\mu}m_k - p_k^{*'} = \overline{\mu}m_0 - \left(c_0 - \dfrac{a}{S} \right) \Rightarrow \dfrac{a/S}{\overline{\mu}b} \leqslant 1 \\[3mm] p'_l \geqslant c_0 - r_l = c_0 \end{cases}$$

（式 4 - 15）

企业 k 被淘汰出局的同时会损失政治关联投资和固定资产投资，而企业 l 通过 1 单位的资源全部用于能力建设而独占市场，该环境下能力建设会成为所有企业在 t_0 期的选择，两个企业 t_1 时期的利润分别为：

$$\begin{cases} \pi_k^{*'} = -K - 1 \\ \pi_l^{*'} = \overline{\mu}bS - a - 1 \end{cases}$$

（式 4 - 16）

本章小结

尽管现实中的企业并非如模型中所描述的那样简单，它们可能会在对能力建设的同时，也会对外寻求政治关联的可能性，以便实现品质与成本的双管齐下。本书在这里以企业所掌握的资源有限性为前提，重点讨论其选择的倾向性，任何一种倾向都会挤出另一种倾向的实现资源。

从讨论结果的数学含义中，我们可以知道，当式中的 a 越小，b 和 $\bar{\mu}$ 越大时，挤出政治关联企业的条件就越倾向于实现。我们这样理解其中的经济学含义：由于能力建设可以增进企业的产品品质，而政治关联可以压缩成本，所以上述两方面均可使企业在竞争中获得一定的优势。模型中 b 越大，意味着企业在将资源投入能力建设后其生产品质的增进效果越显著，从而使得能力建设型企业在竞争中更占据优势。同时，当模型中的 a 较小时，意味着政府的干预强度较小，经济社会的市场化程度较高，制度环境处于一个较高的水平，其一方面会导致政治关联型企业在关联后难以得到稳定而有效的政府支持；另一方面可以为企业高投入的研发所获得的技术专利提供法律保护，既避免了能力建设型企业因技术被模仿而被削弱竞争力的可能性，也使得产品品质被提升后，b 能够保证稳定的增进幅度。从另一个方面看，较高的制度环境水平意味着所在区域拥有较好的经济发展水平和人文环境，模型中的 $\bar{\mu}$ 能够处于一个相对的高位，消费者有更大的可能性支付较高的价格去购买高品质产品，因而以能力建设为核心的企业更容易赢得市场份额和利润。反过来看，在强政府执政且低端消费群体很大的经济体中，如果制度环境较差，技术专利的受保护程度就会较差，投身于能力建设的企业便难以从研发投资中获得回报，更多的企业会将资源用于与政府建立政治关联；同时，庞大的低端消费群体并不会给予高品质商品以较好的市场反响，加上大量存在的逆向选择，使企业更可能在经营策略上追逐短、平、快的政治关联，而非基于长远发展的能力建设。

第五章 政治关联、金融生态环境与企业融资：基于缓解融资约束的视角

基于上一章的模型结论，我们可以得出，在企业成长的过程中，决定其发展决策上的选择存在多种因素，而无论是低端消费者偏好程度还是研发投入能否得到市场认可，其终极根源都离不开所在区域的制度环境。而市场经济体制尚不完善的中国，人口众多且拥有着大量的低端消费者，各地区的经济发展水平差异明显，制度环境水平分层显著并且存在着大量的落后地区。较为清楚地掌握制度环境对于企业发展过程中的资源配置以及企业基于不同制度环境的发展策略选择对于整个经济社会的发展意义重大。本章从企业融资的角度入手，着重考察三个方面：第一，制度环境在缓解企业融资方面的作用；第二，制度环境对于政治关联在缓解融资约束方面的替代作用；第三，制度环境发展水平在跨越门槛后，对于企业发展策略选择的影响。

第一节 概　述

权属性质的差异会直接造成企业融资难度的差异。想获得正规金融部门的支持，弱势企业需要在技术基础、企业组织、市场前景及信用记录等方面长期、反复地证明自己，无形中大幅度地增加了企业的成本，削弱了竞争力。因此，如果这类企业可以获得一个好的成长环境，它们对于制度

环境、经济发展等方面的回馈将备受期待。

　　近年来，金融生态概念由于涉及政治、经济、法治等制度层面的要素被引入制度环境的评价工作中，在细化了金融制度环境研究工作的同时也使专属领域的研究得到了延展。在早期的工作中，包括白钦先（2001）、周小川（2004）、徐诺金（2005）等学者在阐述概念本质的同时，侧重于强调金融生态环境发展水平的提高对于金融、经济及社会和谐发展的重要性。随着研究的不断深入，学界开始关注指标体系的建立及金融生态环境的评价（胡滨，2009；周妮笛，2010），试图寻找影响区域金融发展的证据。近年来，学者们开始关注金融生态环境对于现实生产环节的微观经济效应，包括对企业负债、银企关系及技术创新等方面的影响（谢德仁和陈运森，2009；罗正英等，2011；王贞洁等，2014）。

　　资金是企业生存发展的命脉，在差别对待不同权属的制度环境中，充分了解弱势群体的融资约束状况及其与主要经济变量之间的关系对于把握现阶段经济发展中微观主体——企业的生存现状有重要的理论价值和现实意义。本章主要考察的是企业的融资约束问题，通过金融生态环境指数及其下属维度作为制度环境的代理变量以期望对制度环境进行更为有效、合理的刻画，同时构建一个融资约束指数作为企业融资的代理变量，实证检验政治关联、金融生态环境与企业融资约束之间的关系。

第二节　制度环境影响企业融资战略的机制分析

一、金融生态环境与企业融资

企业在市场竞争中的生存能力很大程度上取决于其对融资约束问题的解决。经验研究表明，金融制度环境的相对落后意味着所在区域的资金配置效率低下，同时信息不对称造成的逆向选择会使很多有实力但无担保的企业错失发展机会，中小企业的融资通常会面临较大摩擦。落后的金融环境会影响当地经济的发展，反过来，经济基础的薄弱也会使所在区域难以获得资金的青睐，造成金融发展的恶化，二者有着同向性的强化作用。过往在考察经济个体所处的金融环境时，多数还是基于单一维度的金融发展层面。进入 21 世纪以后，随着白钦先、周小川、徐诺金等学者对金融生态环境概念的提出、发展和完善，金融生态环境的维度在不断增加的同时其核心要素也在学界逐步取得一致。除了金融发展维度外，政府的主导程度、经济的运行现状、信用制度的建设水平等要素都是构成良好金融生态环境的重要基石，同时也是企业获得外部融资的重要影响因素。尽管这一概念的提出目前在学界还存在着较大的争议，但是众多学者以该概念为基础所建立的金融生态环境评价体系在刻画金融制度环境的层面上仍具有一定的解释力。理论上，在经济基础好、金融发展水平高的地区中，企业更容易获得外部投资，并且资金的流转速度更快，流转成本更低；在政府干预少、信用制度建设良好的金融环境中，企业更容易专注于自身发展，并保持相对稳定的经营策略，对外注重诚信也更容易获得商业伙伴的授信，相对容易地获得融资。因此，金融生态环境是一个较为综合地反映企业融资时所面临的制度环境变量，无论是其整体水平的提升还是其各下属维度的发展、完善都将有助于企业获得外部融资，结合上述，笔者提出如下研究假设：

H1：金融生态环境发展水平的提升有利于缓解企业融资约束。

H2：对于企业融资的影响是多因素共同作用的，金融生态环境的各下属维度都会对企业融资产生影响。

二、政治关联与企业融资

对于多数非公有制企业来说，现有制度环境的不完善使它们为了谋求发展的机会需要获得一个非正式制度的补充，即通过建立政治关联来帮助其在信息不够对称的资本市场中尽可能地避免逆向选择，以保证可以获得发展所需的资金。在金融机构发放贷款时，非公有制企业多数规模较小，起步较晚，很难通过有说服力的过往业绩来获得银行的信任。而政治关联可以作为一种"信号显示"对外传达企业的声誉、发展潜力及价值，即政治关联所具有的信息效应可以帮助企业缓解融资约束。当然，其更直接的资源效应也可以帮助企业获得政府补贴、税收优惠、银行贷款等有助于缓解其融资约束的资源。考虑到政府官员的晋升激励和届别周期，地方企业通常可以用相对较低的成本获得政府支持并通过建立政治关联降低制度环境带来的违约风险，同时获取制度资源等利益。基于此，笔者提出如下研究假设：

H3：在其他条件一定的前提下，建立政治关联有助于缓解企业融资约束。

三、政治关联、金融生态环境与企业融资

在对政治关联的资源效应研究中，其对企业的各方面影响一直备受关注但却始终未能取得稳定结论。一些研究表明，建立政治关联的企业可以获得更低的融资成本（Boubakri 等，2012；姚德权和章剑辉，2014）、提升企业价值（邓新明等，2014）并降低其权益资本成本（赵峰和高明华，2012）；一些研究却得到相反的结论，认为在政府干预程度较高的前提下，政治关联会提高融资成本，对公司的经营运作产生较为显著的负面效应（Fan 等，2007；肖浩等，2010）。

结合近年来中国的发展趋势，学者们在实证中发现政治关联对企业融资成本的影响受到现行国家制度、政治环境以及经济环境等多方面的影响，二者关系的复杂程度远超过以往研究的预期。本章在此引入包含了上述众多影响因素的金融生态环境作为制度环境的代理变量重新讨论二者的关系。从制度环境的发展规律看，金融生态环境好的地区意味着政府能够供给更为有效的制度，资本市场中的资金配置效率更高，良好的信用制度可以降低市场中的信息流通成本，避免逆向选择，同时健全的法律体系也使投资

者能够得到妥善的法律保护。也就是说，好的金融生态环境本身便意味着良好的资源环境、信息传播环境以及法律环境，在一定程度上替代了政治关联所具有的资源、信息和保护效应，此时的企业无须通过建立政治关联来传递企业的质量信号，所在区域良好的金融生态环境便相当于一种声誉。具体而言，经营于好环境地区的企业可以从所在区域内免费匹配这种制度红利，在这里，制度的声誉替代了政治关联的声誉，笔者在这里称之为"声誉替代效应"。因此，金融生态环境综合指数高的地区会削弱政治关联对企业融资成本的降低效应。反之，在金融生态环境综合指数较低的地区，政府干预程度则相对较高，政治关联对企业融资会起到更为显著的降低效应的作用，综上笔者提出如下研究假设：

H4：不同金融生态环境条件下，政治关联对企业融资的影响程度是不同的，在环境差的地区，政治关联对企业融资成本的降低效应更明显，而在环境好的地区，政治关联对成本的降低效应会下降。

下文针对上述问题进行实证检验，即分析以金融生态环境为背景的政治关联如何影响企业融资。

第三节　核心变量定义与计算

一、金融生态环境的定义与测度

（一）金融生态环境的概念

广义的金融生态环境指的是宏观层面的金融环境。具体来说，就是与金融行业生存、发展及与其有互动关系的社会、自然因素的总和，包括政治、经济、文化、地理、人口等一切对金融行业产生影响、作用的因素。金融生态环境主要强调的是外部环境，即企业在经营过程中受到的外部影响，它也是金融运行的基础条件。狭义的金融生态环境是指微观层面的金融环境，即能对其产生影响的几个具体方面，包括政府管理体制、社会中的法律制度、社会信用建设情况、经济的发展状况、银企关系以及所在区域的金融发展水平等方面的内容。这些能对其产生影响的因素可以通过降维的方式，筛选出相对重要的几个方面，通过计算能够获得对金融生态环境的具体评价。

（二）金融生态环境评价体系的建立与指数计算

金融生态环境指数作为一个区域金融制度发展情况的表征变量，其评价体系通常具有较为复杂的结构，要进行有效的评价需要建立多指标、多层次的评价体系。在一般的指标体系建立中，几何移动平均法和层次分析法都具有一定程度的主观性，会造成结果出现偏差。本节借鉴李扬（2005）《中国城市金融生态评价报告》及其课题组成员胡滨（2009）对黑龙江省金融生态环境评价时的指标设计，同时基于数据的可得性，通过设立三级指标，采用 20 个指标要素（见表 5-1）的主成分分析来获得 35 个大中城市的金融生态环境评价指数。

表 5-1　金融生态环境指标体系

一级	二级	内涵与说明	指标
政府主导程度	政府资源	（预算内外财政收入＋转移支付）/GDP	X1
		预算内外财政支出/GDP	X2
	政府干预	财政缺口（预算内财政支出/预算内财政收入）	X3
		预算外财政收入/预算内财政收入	X4
	政府效率	行政事业费总额/GDP	X5
		政府消费占最终消费的比重	X6
经济运行现状	经济总量	人均 GDP	X7
	收入分配	城镇居民可支配收入增速/GDP 增速	X8
		城镇居民可支配收入/农民纯收入	X9
	非公发展	非国有工业总产值占全部工业总产值的比重	X10
		非国有固定资产投资额占全社会投资额的比重	X11
		外商投资企业出口总值/海关出口总值	X12

续表

一级	二级	内涵与说明	指标
地区 金融 发展	金融深化	非国有部门获得的贷款/GDP	X13
	金融发育	消费信贷人口/总人口	X14
	外资引进	外商直接投资额/GDP	X15
	金融业占比	金融行业工资/从业人员工资总额	X16
信用 制度 建设	市场中介体系	金融机构存贷和/GDP	X17
	社会保障体系	养老保险制度建立（参加养老保险人口/总人口）	X18
		失业保险制度建立（参加失业保险人口/总人口）	X19
		医疗保险制度建立（参加医疗保险人口/总人口）	X20

　　本节数据来源于各省统计信息网、统计年鉴及城市统计年鉴。在获得构建指标体系的数据后，对各年度相关数据进行 KMO（Kaiser - Meyer - Olkin）检验。从得到的 KMO 检验结果来看，均超过 Kaiser 给出的常用度量标准0.8，表明数据可用。通过主成分分析后得到主因子累积贡献率和特征值的碎石图（见图5－1）。基于累积贡献率大于85%、特征值大于1 的一般原则，选取符合条件的6 个主因子来代替全部20 个因子获得各城市各年度的综合得分，最后，对于各年度城市得分以2013 年为基准年进行标准化处理（见表5－2）。

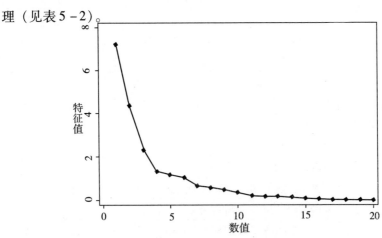

图5－1　主成分分析后特征值的碎石图

表 5 – 2 2013—2016 年 35 个大中城市金融生态环境得分排名

排名	2016	2015	2014	2013	排名	2016	2015	2014	2013
1	上海	上海	上海	上海	19	沈阳	哈尔滨	西安	哈尔滨
2	深圳	深圳	深圳	深圳	20	长春	长春	哈尔滨	西安
3	北京	北京	宁波	宁波	21	西安	重庆	长春	长春
4	杭州	杭州	北京	广州	22	南昌	西安	重庆	昆明
5	广州	广州	广州	杭州	23	昆明	南昌	昆明	重庆
6	厦门	厦门	杭州	北京	24	重庆	昆明	南昌	南昌
7	宁波	宁波	天津	天津	25	郑州	郑州	郑州	石家庄
8	南京	天津	厦门	厦门	26	呼和浩特	呼和浩特	呼和浩特	郑州
9	天津	青岛	青岛	青岛	27	海口	石家庄	海口	呼和浩特
10	青岛	成都	南京	成都	28	石家庄	海口	太原	海口
11	成都	南京	成都	济南	29	太原	太原	石家庄	南宁
12	济南	济南	济南	福州	30	兰州	兰州	南宁	太原
13	长沙	福州	福州	南京	31	南宁	南宁	兰州	兰州
14	福州	长沙	合肥	大连	32	银川	乌鲁木齐	乌鲁木齐	乌鲁木齐
15	武汉	大连	大连	长沙	33	乌鲁木齐	银川	银川	贵阳
16	大连	武汉	长沙	合肥	34	贵阳	贵阳	贵阳	银川
17	哈尔滨	沈阳	沈阳	沈阳	35	西宁	西宁	西宁	西宁
18	合肥	合肥	武汉	武汉					

二、政治关联的变量定义与取值说明

本书在考虑高管背景的前提下，基于上市公司的权属性质（是否国有或国有控股比例）、企业高管是现任或曾任的政府官员来对政治关联虚拟变量进行判定。定义为存在政治关联的企业，虚拟变量设为 1，否则为 0。在这个过程中，有一个问题值得关注：如果单独考虑建立政治关联对企业融资的影响，那些先天存在政治关联的国有企业便不该被纳入样本中，而且，无论金融生态环境如何，其对企业融资也不会构成很大的影响。本书的初衷在于讨论金融生态环境对于政治关联与企业融资关系的影响，着重考察随着金融生态环境的发展，二者关系的变化以及金融生态环境对政治关联的声誉替代效应。从影响机制上看，金融生态环境的发展本身也是一种市场化进程，市场化进程的加深会在一定程度上减弱国有企业在资源获取能力上的优势。因此，本书将国有企业纳入样本，并将虚拟变量直接设为1，通过一个全样本来考察这种可能存在的变迁规律。同时，将各年度城市金融生态环境指数排名大于中值的视为金融生态环境好的样本，小于或等于中值的视为金融生态环境差的样本，以考察在不同金融生态环境背景下，政治关联与企业融资的关系。

从整理出来的政治关联数据中，发现制造业、原材料、公用事业等垄断性行业政治关联比重相对较高，而在一些非垄断的竞争性行业，主要是信息技术、消费等行业政治关联的比重较低。表5-3中的评价结果也支持了上述发现，作为垄断企业较多的老工业城市，其金融生态环境指数相对排名靠后。老工业基地的国有经济相对比重较高，容易导致金融资源的锁定，即金融资源和服务较多地集中于国有大中型企业，资源配置模式长期不变，难以实现优化。就企业和社会发展层面来看，国有企业的管理结构臃肿且难以完善，财务管理的规范性差，以及通过破产、改制等名义逃废债务的现象频频发生，造成了所在区域的银行不良贷款率居高不下。同时，老工业城市的国有模式使生产、生活于其中的企业和个人习惯于靠政策吃饭，整体的诚信意识和公众的金融风险意识淡薄。这种"老工业基地"现象所形成的落后"共有信念"会严重破坏地区金融生态环境，也会影响金融生态环境的改善。而沿海或新兴的城市由于技术含量高的企业比例更大，从企业到个人的法制观念、风险意识以及接纳新事物的能力都远强于老工业基地城市，可以相对容易地推进信用体系的建设或进行制度、政策的纠偏，其在金融生态环境的评价中取得了较高的分数。

表5-3　不同条件下样本统计情况

年份	2013	2014	2015	2016	合计
样本总数	799	877	1072	1228	3976
好环境	561	631	806	947	2945
好环境中存在政治关联	242	250	285	321	1098
好环境中无政治关联	319	381	521	626	1847
差环境	238	246	266	281	1031
好环境中存在政治关联比例（%）	43.14	39.62	35.36	33.90	39.28
好环境比例（%）	70.21	71.95	75.19	77.12	74.07

从表5-3中可以发现：（1）金融生态环境好的城市其拥有的上市公司比例在逐年提高，说明了环境好的地区不但有利于本区域企业发展，还能够支持新生或外来企业的生存和发展，结果支持了金融的集聚效应；（2）拥有较好金融生态环境的城市其上市公司数量较多，但有政治关联的上市公司相对数量在逐年减少，说明优良的金融生态环境对于无政治关联上市公司的兴起与发展具有更显著的促进作用；（3）上市公司所处金融生态环境的差异会影响政治关联与企业融资之间的关系。相较于金融生态环境差的地区，金融生态环境好的地区的市场竞争相对充分，相对完全的市场会促进资本的逐利倾向更易于表达，难以取得政治关联的民营企业如果经营状况良好更容易在竞争中获得融资。因此，好环境地区的金融生态效应会削弱政治关联对融资成本的降低效应，为不同权属的企业提供更公平的竞争环境。

三、企业融资约束指数的说明与计算

借鉴阿尔梅达等（Almeida et al.，2004）构造融资约束指数的方法，以表5-4中的5个因素作为表征融资约束的代理变量，采用有序逻辑回归构建一个综合指数 KZ 来衡量企业的融资现状。将 KZ 指数作为因变量对表5-4中的5个变量进行回归，估计出各个变量的回归系数（见表5-5）并带回原等式，可以计算出反映每一家上市公司融资约束程度的 KZ 指数， KZ

指数越大，意味着上市公司面临的融资约束程度越高，其融资压力越大。

表 5 - 4　**KZ** 指数的变量定义与取值说明

变量	变量说明	变量取值说明（M 表示中位数）
CF_{it}/A_{it-1}	经营性现金流/上期总资产	如 $CF_{it}/A_{it-1} < M$，kz1 = 1，否则 kz1 = 0
DIV_{it}/A_{it-1}	现金股利/上期总资产	如 $DIV_{it}/A_{it-1} < M$，kz2 = 1，否则 kz2 = 0
C_{it}/A_{it-1}	现金持有/上期总资产	如 $C_{it}/A_{it-1} < M$，kz3 = 1，否则 kz3 = 0
LEV_{it}/A_{it-1}	资产负债率	如 $LEV_{it} > M$，kz4 = 1，否则 kz4 = 0
Q_{it}	Tobin's q	如 $Q_{it} > M$，kz5 = 1，否则 kz5 = 0

表 5 - 5　构建融资约束指数的回归结果

	CF_{it}/A_{it-1}	DIV_{it}/A_{it-1}	C_{it}/A_{it-1}	LEV_{it}/A_{it-1}	Q_{it}	$Adj - R^2$	N
KZ	- 4.322 * * *	- 45.480 * * *	- 3.133 * * *	2.697 * * *	0.579 * * *	0.276	3976
	(- 14.103)	(- 19.641)	(- 13.003)	(9.370)			

注：括号内为 t 值，* * * 表示显著性水平为 1%。

第四节　模型构建与数据来源

一、实证模型构建

本书通过构建如下 OLS 多元回归模型对上述假设进行检验：

$$KZ = f(FEIndex, PC, X')　　　　（模型 5 - 1）——（模型 5 - 3）$$

$$KZ = f(FEIndex, FEn, PC, X')　　（n = 1，2，3，4）$$

$$（模型 5 - 4）——（模型 5 - 8）$$

$$KZ = f(FEIndex, FEIndex × PC, PC, X')　　　　（模型 5 - 9）$$

上述模型中，被解释变量 KZ 为上市公司的融资约束指数，解释变量包括：权属性质（PC）、交互项（FEIndex × PC）、金融生态环境指数（FEIndex）及其四个所属维度（FE1—FE4），X' 是各类控制变量。在模型设定上，模型5－1主要考察H3，即政治关联对于企业融资的影响。模型5－2、模型5－3是在考虑金融生态环境发生变化的情况下，政治关联与企业融资的关系。模型5－4至模型5－8用来检验H1、H2，考察金融生态环境及其所属维度与企业融资约束的关系。模型5－9引入了交互项以检验H4，考察金融生态环境对于不同权属性质的企业在缓解融资约束方面是否存在差异。本研究的控制变量的定义及内涵说明见表5－6。

表5－6　控制变量的定义及内涵说明

变量名称	变量符号	内涵说明
公司规模	Size	总资产取对数；规模较大的公司更容易获得贷款机构的信任，融资成本较低，系数预期为负
盈利能力	PA	净利润/总资产；高盈利能力的来源可能来自于核心技术、垄断经营或高风险经营，系数预期为正或负
公司成长性	Growth	（当年营业收入－上年营业收入）/上年营业收入；成长性强的公司资源配置通常都比较合理，净资产获得能力也相对较高，更容易获得资本的青睐，系数预期为负
资产有形性	TPA	（存货＋固定资产）/总资产；较高的有形资产比例意味着企业可能存在较大的存货压力，面临运营不畅，系数预期为正
市场风险	MR	公司当年的日市场回报率的标准差；市场风险大意味着公司运营的不稳定性高，系数预期为正
流动性	Turnover	流动资产/流动负债；流动性是指企业资产在价值不损失情况下的变现能力和偿债能力，系数预期为负
经营效率	BE	当年营业收入/总资产；经营效率越高说明企业的营收能力强，资产利用效率高，系数预期为负

二、样本描述与数据选择

基于数据的可得性和对样本区域跨度的需求，本书以35个大中城市2013—2016年上市公司的数据为样本对上述问题进行实证检验，同时对研究样本进行如下筛选程序：（1）剔除金融类上市公司，该类企业由于行业特殊性，其融资约束程度与其他公司不具备可比性；（2）剔除注册地址与办公地址不在同一省份的公司，因为此类公司所处的金融生态环境受到两个省份影响,很难准确度量;(3)剔除上市时间不足一年的公司,新上市公司刚刚获得了大量股权融资,其融资压力与其他公司无法正常比较;(4)剔除某些度量指标无法计算或相关财务数据缺失的公司。最后,本研究获得了1228家上市公司4年数据共3976个研究样本的非平衡面板,其中数据来源于Wind资讯金融终端系统、CSMAR数据库、东方财富网以及中国财经信息网首页。

表 5 – 7　变量的描述性统计

变量	平均值	标准差	最小值	最大值
FEIndex	6.372	2.083	1	11.032
FE1	5.546	1.826	0.870	10.578
FE2	7.013	2.564	1.079	12.121
FE3	6.771	1.891	0.964	11.719
FE4	6.796	2.316	1.109	12.014
PC	0.523	0.771	0	1
Size	18.019	3.678	13.798	23.759
PA	0.043	0.102	− 0.246	0.423
Growth	0.194	0.871	− 0.945	3.176
TPA	0.496	0.323	0.055	0.979
MR	0.034	0.014	0.014	0.062
Turnover	4.399	3.739	0.591	17.014
BE	1.032	0.817	0.148	2.906

第五节　实证结果与分析

一、政治关联效应

实证结果显示,在所有模型中的 PC 系数均显著为负,说明对于企业而言,建立政治关联能够产生缓解企业融资约束的效应,支持了 H3。政治关联可以通过资源效应和信息效应对企业的融资约束问题产生帮助，使企业在面对金融机构的贷款竞争时获得优势。所以近年来，民营企业家参政议政、争当人大代表、政协委员的意愿明显增强，他们通过与党政领导人建立联系以获取政治地位，并最终获得同行业中资源或信息上的优势。在模型5－2、模型5－3的比较中，较差的金融生态环境地区的 PC 系数更大，说明环境差的地区建立政治关联对于缓解企业融资的效果更明显，其主要原因是：在较差的制度环境中，制度的有效性和契约的执行性都相对更差，无论对于企业还是资本市场的运行本身，都需要政治关联这样的替代性机制的出现，因为它也可以为企业带来更大的边际效应。

二、金融生态效应

在模型5－4至模型5－8中加入了 FEIndex 及其下属维度，结果显示 FEIndex 的回归系数显著为负，这说明金融生态环境的向好有助于缓解企业所面临的融资约束问题，支持了 H1。金融生态环境发展水平的提升为企业提供了更多的运营资源，而且这种资源是以公共物品的性质在市场中进行配置，使企业可以享受到地区金融发展红利的同时在资本市场中也更容易获得授信，因而会较少陷入融资困境。在模型5－5至模型5－8中，FE1—FE4 的回归系数至少在5%水平上显著为负，说明金融生态环境对于企业融资的缓解从根本上是依托于其下属的四个维度，这在验证了 H2 的同时，也说明金融生态环境的建设是一项系统性工程，只有充分发展各相关要素，才能发挥其在各领域的作用。

三、声誉替代效应

在模型5－9中通过设置交互项进一步检验上述结论，探讨政治关联、金融生态环境对企业融资的影响。FEIndex×PC 在1%的水平上显著为正，说明对于有政治关联的企业来说，金融生态环境水平的提高在缓解企业融资方面所能发挥的力量更弱，即同样程度地提高金融生态环境发展水平，民营企业可以从中获得更多的益处。具体来说，上市公司所处地区的金融生态环境发展水平提高，政府的干预程度便会降低，这会削弱政治关联带来的资源效应和信息效应。同时，其在经济基础、金融发展及信用制度方面的建设水平提高可以作为地方发展红利以公共物品的形式配置给所有企业。此时的企业再也不愿意主动去建立政治关联，致使金融生态环境好的地区，有政治关联的企业逐渐减少，与表5-3的数据呼应。结合模型5-2、模型5-3的结论，可以预见，当金融生态环境发展到一定水平时，好环境本身所具有的资源及信息效应可以极大程度地替代政治关联的声誉效应，此时的企业建立政治关联可能不再是最优选择，即政治关联存在一个效率边界。

四、控制变量效应

在金融生态环境较差的地区中，出现了一些违背市场逻辑的异象，主要体现于两个控制变量的实证结果中：第一，在模型5-3中，市场风险（MR）与融资约束指数呈负相关，即风险越高企业越容易获得融资，这显然偏离了风险报酬的基本观念。其可能的原因包括：（1）在金融生态环境差的地区，无论是企业还是股东个体对于投资行为均缺乏理性指导，较差的法律环境和信用体系使决策者很难作出理性选择；（2）落后地区的政府相对而言对于所在地的大企业更为依赖，因此，"大而不能倒"现象的发生更为频繁，这类企业的存在会使风险不断累加，同时在融资竞争中也不落下风；（3）政府的强干预及政策的滞后性使投资者无法对市场形成稳定预期，在较差的制度环境中，政府执行能力较差，政策的传导效率较低，这使得很多政策从出台到落实需要很长的时间，而在这个过程中，企业曾经作出的经营决策便不再能够匹配当期的政策，导致非理性决策的产生。第二，流动性（Turnover）获得了一个正的相关系数，传达了较高流动性的企业反而更难融资，这也是违背常理的。一个解释的方向是流动性高的企业往往是民营企业，它们会面临更为苛刻的融资条件，导致融资约束提高。其他控制变量的实证结果都与预期一致。

表5-8　OLS回归结果

解释变量	KZ			KZ(全样本)加入金融生态环境					KZ
	模型5-1（全样本）	模型5-2（好环境）	模型5-3（差环境）	模型5-4	模型5-5	模型5-6	模型5-7	模型5-8	模型5-9（交互项）
FEIndex				-0.315***					-0.268***
				(-2.714)					(-3.516)
FE1					-0.286**				
					(-2.359)				
FE2						-0.283**			
						(-2.202)			
FE3							-0.277**		
							(-2.109)		
FE4								-0.260**	
								(-2.003)	
FEIndex×PC									1.361***
									(4.098)
PC	-0.407**	-0.352*	-0.423**	-0.368***	-0.372***	-0.362***	-0.351***	-0.358***	-0.517***
	(-1.989)	(-1.698)	(-2.017)	(-2.834)	(-2.950)	(-2.791)	(-2.683)	(-2.609)	(-3.728)
Size	-0.471***	-0.410***	-0.503***	-0.519***	-0.524***	-0.525***	-0.520***	-0.536***	-0.269***
	(-9.861)	(-7.670)	(-8.668)	(-9.019)	(-9.167)	(-9.185)	(-8.992)	(-9.452)	(-9.013)
PA	-6.473***	-7.613***	-6.690***	-11.467***	-11.593***	-11.513***	-11.585***	-11.686***	-13.512***
	(-12.392)	(-16.699)	(-10.541)	(-12.549)	(-12.842)	(-12.649)	(-12.837)	(-12.932)	(-17.959)
Growth	-0.108*	-0.110*	-0.107*	-0.083	-0.085	-0.084	-0.082	-0.086	-0.103
	(-1.754)	(-1.796)	(-1.631)	(-1.169)	(-1.243)	(-1.238)	(-1.197)	(-1.257)	(-1.389)
TPA	1.546	1.437	1.353	1.146*	1.155*	1.150*	1.148*	1.156*	1.097
	(1.370)	(1.224)	(1.130)	(1.695)	(1.821)	(1.749)	(1.721)	(1.762)	(1.495)
MR	9.292**	8.541**	-7.416*	11.103**	11.072**	11.284**	11.185**	11.266**	8.941**
	(2.164)	(2.008)	(-1.792)	(2.215)	(2.126)	(2.402)	(2.285)	(2.319)	(2.108)
Turnover	-1.198**	-1.029**	0.946*	-0.509*	-0.507*	-0.500*	-0.501*	-0.504*	-0.718**
	(-2.366)	(-1.993)	(1.817)	(-1.808)	(-1.797)	(-1.705)	(-1.723)	(-1.768)	(-2.306)
BE	-1.454	-1.131	-1.223	-1.426*	-1.125*	-1.127*	-1.126*	-1.129*	-1.391*
	(-1.314)	(-1.013)	(-1.191)	(-1.716)	(-1.663)	(-1.681)	(-1.699)	(-1.706)	(-2.182)
Constant	8.597***	10.262***	11.848***	12.316***	12.675***	12.235***	12.464***	12.267***	10.492***
	(6.716)	(7.468)	(8.592)	(14.863)	(15.166)	(14.897)	(14.463)	(14.402)	(9.399)
Adj-R²	0.275	0.260	0.216	0.283	0.284	0.284	0.284	0.284	0.286
N	3976	2945	1031	3976	3976	3976	3976	3976	3976

注：括号内为t值，*表示p<0.1，**表示p<0.05，***表示p<0.01。

第六节 面板门槛回归：基于 FEIndex 的效率边界识别

经过上述分析可知：金融生态环境在不同发展阶段会对政治关联与企业融资约束的关系产生不同的影响。由于建立政治关联需要成本，这便意味着企业在选择建立关联与否要以其最终利润为前提。基于关联成本的约束使金融生态环境在向好的过程中存在区制转换的可能，即当金融生态环境指数超越某一个门槛值时，建立政治关联反而会导致企业融资约束指数的上升，抑制企业的融资。本部分的实证通过汉森（Hansen，1999）提出的面板门槛模型来考察在不同金融生态环境下政治关联与企业融资约束之间可能存在的非线性关系。假设存在不止一个门槛，将多重门槛回归模型设定如下：

$$KZ_{it} = \beta_0 + \beta_1 FEIndex_t + \beta_2 PC_{it} I \ (FEIndex_t \leqslant \gamma_1) + \beta_3 PC_{it} I \ (\gamma_1 < FEIndex_t$$

$$\leqslant \gamma_2) + \beta_4 PC_{it} I \ (FEIndex_t > \gamma_2) + \theta' X_{it} + \mu_i + v_{it} \qquad (\text{式} 5-1)$$

其中，$FEIndex_t$ 为门槛变量，PC_{it} 为区制解释变量，γ 为门槛值，X_{it} 为影响上市公司融资约束的控制变量，I（·）在这里作为指标函数，当括号内的条件满足时，其取值为 1，否则为 0。门槛检验结果显示，只有单一门槛效果显著，门槛估计值为 10.732（见表 5-9、表 5-10）。

下文基于单一门槛，分别在两个区间对模型进行估计（见表 5-11）。结果表明，当 $FEIndex_t$ 在门槛值以下的阶段时，也就是金融生态环境的发展水平相对较低时，企业在选择建立政治关联后，其融资约束能够得到较明显的缓解。而当所在区域的金融生态环境水平发展到一个较高的阶段即跨越了门槛值（10.689）的时候，估计系数反转为正。说明在这个阶段里，企业建立政治关联已经对缓解融资约束不再有正面作用，是一种得不偿失的非理性选择。主要原因是，相较于金融生态环境差的地区，环境好的地区可以为企业提供更为廉价的资金获取成本、更为对称的信息获取途径以及良好的契约环境等，使那些难以取得政治关联的企业如果经营得当同样能够在资本市场的资金竞争中获得公平的机会。此时的资本市场更为有效，会以资本收益最大化的方式将资金配置给能对经济产生更大贡献的企业，而政治关联基于其成本则成为一种相对昂贵的资源。与此同时，金融生态环境的向好使人们对于软环境赋予了更高的要求和期望，这会给予政治关联这种私下的利益传播方式以更高的厌恶，提高了该种社会状态下的关联成本。因此，当一个区域的制度环境水平发展到较高的程度时，企业将不再把政治关联作为融资策略的首选，而是将更多的资源与精力回归到核心能力的建设上，这也是企业能够长远发展的基础与制度支持。

表 5 – 9　门槛效果检验

	F 值	P 值	临界值		
			1%	5%	10%
单一门槛	77.427***	0	57.692	17.971	8.456
双重门槛	12.973	0.396	9.790	4.089	1.946
三重门槛	1.276	0.591	11.087	7.961	5.164

表 5 – 10　门槛值估计结果

	门槛估计值	95% 置信区间
单一门槛	10.732	[10.337, 10.901]

表 5 – 11　模型参数估计结果

解释变量	系数估计值	T 值	P 值
PC_{it}（$FEIndex_t \leq 10.732$）	-0.634***	-4.268	0.000
PC_{it}（$FEIndex_t > 10.732$）	0.519***	3.670	0.000

本章小结

本书实证检验了企业融资视角下的制度环境、政治关联与企业发展的影响。主要研究结论有：（1）单就缓解企业融资约束的作用来看，所在区域金融生态环境水平的提升及企业建立政治关联都会对缓解企业融资约束产生正面效应。（2）我国35个大中城市的金融生态环境发展水平整体呈现稳步上升趋势，从评价体系中的排位来看，东部发达城市要好于中部城市，西部城市整体水平相对较差。（3）政治关联对企业融资的影响效果会随着金融生态环境发展水平的变化而发生变化，在金融生态环境差的地区，政治关联能够通过资源效应为企业带来更多的融资渠道，企业对政治关联的依赖性更强；而在制度环境好的地区，优良的金融生态环境本身便可以为身处其中的企业提供丰沛的资源和较低的信息获取成本，替代了政治关联通过声誉效应带来的运营资源，二者存在的声誉替代效应使企业建立政治关联的意愿下降。（4）当金融生态环境足够好的时候，即金融生态环境指数大于某一门槛值时，政治关联的成本会使关联企业入不敷出，理性的企业不再选择建立政治关联。

从政府层面来看，较差的金融生态环境使得企业在融资过程中难以获得有效的融资渠道，同时由于信息不对称所带来的逆向选择，整个资本市场将面临更高的交易风险，市场效率也会大幅度降低。通常而言，企业可以通过政治关联所带来的资源效应和信息效应在短期内解决融资问题，但迫于资源和精力的约束，在政治关联上的过多消耗会使企业在核心竞争力的建设上力不从心，而核心能力的建设与提高才是企业发展的初衷和成长的基础。一个区域金融生态环境水平提高对于企业产生的战略反转无论对于企业本身的成长还是整个社会经济的发展均有重大意义。因此，就政府而言，应该大力推动金融生态环境的建设，通过为企业提供更为低廉的资源配置模式、更为对称的信息获取环境、更为安全的契约执行环境等，使企业可以更加专注于本身的核心能力建设，以至于谋求长远，并在经济全球化的过程中产生更大的国际影响力和建立更高品质信誉的品牌。

第六章　金融生态环境与金融资本流动：
基于地方数据的分析

金融资本数量决定着一个区域经济的发展速度及发展水平，金融制度环境的发展则可以在一定程度上提升金融资本的配置效率并增进资本市场的有效性。本章试图通过金融制度环境与金融资本迁移的实证检验，来考察制度环境对于资本流动的影响，资本的流动也将对于企业的战略选择以及成长水平产生直接影响。

从经济物理学的角度看，资本市场并非一个无摩擦系统，资本的流转方向与效率取决于流通的阻力。现有研究中，诸多学者通过金融势能与城市引力线等指标良好地刻画了资本在逐利过程中，不同区域间所发生的资本流转和阶段性分布。对于区域经济的发展及地方企业的成长而言，良好的金融制度环境可以一定程度地缓解资本流通层面的"以邻为壑"，避免因辖区利益观所产生的资本流动以及由此带来的地方分割，是促进区域金融中心建设、实现区域经济一体化及长期稳定增长的必要条件。

第一节　基于经济地理学的制度环境演变

金融是现代经济的神经中枢，落后的金融业不仅无法支撑实体经济的增长，也不利于财富的积累与增值。在地区经济发展和企业成长的过程中，无论政府还是企业在面对资金短缺时，都可能因错失发展机遇而影响地区的经济增长或失去市场竞争力。在中国的资金市场上，信息的选择性披露现象严重，这使得资金的供求双方对于未来的发展趋势很难做到有效估计。资本市场中的有效信息少，信息从整体而言呈现出高度的不对称，导致了资金市场中的逆向选择问题。而这些问题的出现，从根本上来源于中国资本市场长期存在的法律环境、信用环境以及金融发展环境等多方面的问题。对于政府而言，积极推动金融业的制度环境建设是保证区域内资本市场发展及企业健康成长的制度基础。

在我国目前的权力结构下，政府掌握了大量可支配资源（杨其静，2011）。所以在地方层面，制度变迁的绝大部分动力来自上级政府的制度供给，小部分依靠地方政府的制度转变。而在市场化进程大幅度推动地方经济发展的背景下，来自中央的制度供给已无法因地制宜地匹配地方金融主体的需求。也就是说，针对地方政府而言，现有的金融体系并没有得到有效的制度支持或及时发生转变，使其变迁的速度滞后于与其相连接的投融资制度、企业产权制度的变迁。在这种情况下，金融制度不再适应金融主体的发展，资本将基于其逐利性发生迁移。

随着近年来学者们对金融制度理论体系研究的不断深入以及经验证据的日渐丰富，对于金融生态环境的相关理论研究已不再局限于指标体系的建立及地区金融生态环境的评价，越来越多的实证研究逐步展开。尤其是关于金融生态环境对地方企业成长的实证检验，从早期的金融生态环境对于企业融资效率提升、缓解融资约束的研究，逐步开始将讨论范围扩展到金融生态环境对企业绩效、企业技术创新，甚至包括其与银行、企业发展的三者关系研究。

现有的研究已经充分展现了金融生态环境作为一项制度环境代理变量对于社会经济发展的应用价值。且从目前文献的产出增速情况来看，大量学者仍在继续拓展、挖掘其可能存在的理论边际贡献。这一方面说明了该理论的研究已经达到一个认可度较高的成熟阶段，另一方面，也说明了金融制度环境的研究作为制度经济学的一个分支方向对于现实经济的重要指导意义。

金融作为市场经济运行的枢纽，决定着一个区域经济的发展速度及发展水平，而一个区域的制度环境发展水平可以在一定程度上决定该区域资本的配置效率。因此，金融生态环境作为金融制度环境的测度指标，对于它的准确认知可以使我们更容易了解一个区域的金融制度现状及资本在未来的流转趋势。除了制度层面的影响外，相邻同级城市的地缘影响也会对区域的金融发展产生一定的作用。经济学从物理学汲取的能量隐喻可以使我们对这种资本的流转获得更直观的分析视角（杨华磊，2012）。金融物理学发展至今，很多学者开始意识到简单的分析还原思维能够为很多问题的解决提供捷径，其中的经典力学作为这种研究范式的集大成者在近代社会科学领域的进步中起到了重要作用。主流经济学便从中得到诸多隐喻，如"劳动力、价值及货币"与"力、做功及能量"的类比，以及包括经济周期与谐振子、经济重心求解与物体质心计算、经济人本质与最小作用量等的相似。虽然相对论在经济物理学中的应用还处于探索阶段，但广义相对论中的引力曲率化已经为资本流动的分析提供了相当的借鉴意义。引力越大的地方，空间弯曲越强烈，使得空间其他处物质会向下陷空间处输运，这种引力曲率化所提供的几何思想为研究资本的流动提供了数理隐喻。传统金融理论中，资本会基于其逐利性在不同区域间发生流转，类似于一个基于重力势能的从高到低的运动，即某一区域的资本一旦出现过饱和便会流转到其他的区域。而从金融物理学的视角看，金融市场并非一个无摩擦系统，资本的流转方向取决于流通的阻力，如果将金融生态环境作为资本流动阻力的隐喻，那么显然，更好的金融生态环境可以减少流通阻力，提高资本的流转效率。同时，这种资本的迁移也是基于金融势能而呈现出资源的再配置，是资本市场发展的必然需求。经过上述分析，本章以山东省数据为例，在评价其金融生态环境的基础上，通过分析资本在各城市间基于金融势能的流转并比较其与所在地区金融制度环境的关系，考察了各城市之间的发展联系及相互促进的可能性。

第二节　区域金融生态环境评价

一、指标体系构建

区域金融生态环境评价是指对具备一定条件的区域进行金融生态环境发展水平的测评，并得出该区域整体的综合评价、环境现状以及考察对象之间的对比结果。这里的金融生态环境主要是指金融运行的外部环境，不仅包括与金融运行密切相关的经济基础，还包括整个社会的法制环境、信用水平、政府干预程度等环境因素。从根本上说，金融发展的基础是经济，运作的规则是制度和法律，可能存在的约束是政府干预，可持续发展的保证是整个社会的信用体系。为了使评价结论的有效性更强，我们在数据允许的情况下将上述指标尽可能地纳入建立的评价系统中，采取主成分分析法通过设立三级指标、20 个变量（见表 5 - 1）来构建一个多因素的评价体系，以更为全面地评价山东省 17 地市的金融生态环境现状。数据来源于山东统计年鉴、各城市统计年鉴及各地统计局网站。

二、评价与结果分析

首先对相关数据进行 KMO 检验，得各年 KMO 值均超过 0.8，达到 Kaiser 给出的常用度量标准，表明数据可用。其主因子累积贡献率也均超过 85%，基于特征值大于 1 的一般原则，选取符合条件的主因子代替全部 20 个因子来获得各城市各年度的综合得分并进行排序。

从各年度得分排名来看（见表 6 - 1），青岛和济南在各年度的评价中基本稳居前两名，两个城市各影响因素发展平稳，同时作为山东省的经济中心和政治中心，两个城市也更容易受到资本的青睐，获取更多的金融资源，成为金融生态环境建设的先行城市。临沂、聊城、德州、滨州和菏泽在考察的年度里一直处于相对靠后的位置，除了本身发展策略需要调整，其原有的经济基础也是其金融生态现状的原因。淄博、日照的得分稳步上升，一方面来源于其经济基础的稳步提升，政府主导程度的调整，更重要的是两市在信用制度建设方面的大力推行，均为金融生态环境短期的快速发展提供了可能。

表 6-1 山东省 17 地市各年度得分排名

年份 城市名称	2013	2012	2011	2010	2009	2008	2007	2006
济南市	2	2	2	2	2	2	4	4
青岛市	1	1	1	1	1	1	1	1
淄博市	4	6	5	4	4	5	7	7
枣庄市	12	12	10	11	10	9	9	9
东营市	3	4	6	5	6	3	3	3
烟台市	5	3	4	6	4	7	5	5
潍坊市	9	9	8	10	8	11	10	10
济宁市	10	11	11	9	13	8	8	8
泰安市	11	10	9	8	11	10	11	11
威海市	6	5	3	3	3	4	2	2
日照市	8	8	12	12	9	12	13	12
莱芜市	7	7	7	7	7	6	6	6
临沂市	15	16	16	16	14	14	16	16
德州市	14	14	14	15	16	16	14	15
聊城市	16	15	15	14	15	15	15	14
滨州市	13	13	13	13	12	13	12	13
菏泽市	17	17	17	17	17	17	17	17

对于区域内金融生态环境差异的产生，可归因为多种因素的共同作用。包括经济基础的差异、地方发展模式的差异以及市场发育程度的差异等，究其形成原因则是禀赋的差异。不同的禀赋造成了各地区政府的行政干预程度不同，司法和执法的力度不同，从而使各地区的金融生态环境走向异化（周小川，2004）。同时，政府在推进改革过程中的非均衡策略性选择以

及体制改革过程中各级政府行为的差异，均可能对各地区经济、金融、社会、法治以及其他制度环境造成不同的影响。在诺斯悖论的阐述中，国家一方面通过提供产权获取租金最大化，另一方面又试图降低交易成本、推动社会产出以获得税收最大化。充满矛盾的目标使政府频繁地改变干预政策及干预强度，在这个过程中，市场功能遭到破坏，制度环境逐步恶化。换句话说，适度的干预强度和干预时机对于经济发展意义重大。

第三节　进一步讨论：制度环境与金融资本迁移

资本是驱动经济增长的基本要素，对于经济落后的地区，由于资本相对短缺，经济发展阶段的外来资本流入具有重要意义。它在缓解资本稀缺的同时，能够带来先进的技术、管理经验、"干中学"的外部效应等，对于打破垄断、恢复市场功能并最终提高当地的经济发展水平发挥积极效应（胡凯和吴清，2012）。内生增长理论除了强调技术进步在经济增长中的突出地位外，其通过琼斯－真野和雷贝洛模型在一定程度上解释了资本在经济增长中的边际贡献。金融资本的自由流动是优化资金配置的基本方式，无论是政府干预还是信用制度建设，其政策效果很大程度上均体现在资本的可得性和使用效率上。

在以经济增长为晋升激励的政治环境下，城市之间对金融资本的争夺使区域金融中心的建立逐步成为区域发展的核心战略。金融中心的建立可以提高所在区域的综合竞争力，实现金融资本的更高效配置，同时也能够为实体经济提供更好的资金供给和服务。然而，当区域的制度现状不足以支撑经济发展时，所在区域的资本将呈现出过度饱和的状态，其边际收益会小于周边地区。此时，金融资本能够正常地因逐利性而发生迁移是保证其效率最大化的必要条件。因此，一个良好的金融制度环境对一个区域的经济发展意义重大，包括对于所在地金融产业规模的扩张、产业结构的优化以及总体服务效率的提高。同时，金融产业的发展也会以其信息生产、资源配置、风险管理等功能反过来影响并优化制度环境的各个方面，从而形成一个两者相互促进的良性循环过程。

作为体现区域金融制度环境的表征变量，金融生态环境发展水平的提升可以在如下三个方面产生显著作用：一是促进金融中心的建立。好的金融生态环境使企业可以充分利用外部资源，减少在发展过程中的摩擦和消耗，避免外力干扰，将更多的关注置于其本身竞争力的提高上，从而将更多的资本吸引过来，产生显著的金融集聚效应。二是自身的良性发展。金融生态环境的向好不但会吸引资本，还会对其他区域的企业形成较大的吸引力，久而久之，一个地区就会产生良好的声誉效应，继而生成更好的制度环境。三是促进金融资本迁移。良好的金融生态环境意味着市场力量的充分释放，可以减少资本在流通过程中的阻力，有利于低效率资本的迁移，从而提高金融资本的总体配置效率，促进区域经济发展。

反过来看，金融基础好而金融生态环境差的地区就意味着金融资本在流转过程中可能会遭受较大的阻力，造成资源的配置效率低下。同时，还可能导致各地方的辖区利益观至上，逐渐演变为独立发展的局面。使得一个区域难以从整体上建立一个金融中心，既不利于金融资源整合，同时也将阻碍区域经济一体化的进程。结合上述的理论分析及金融生态环境的评价结果，下文基于金融地理学的视角考察金融生态环境对于金融资本迁移的影响。

第四节　金融空间联系

一、模型来源与说明

随着地理计量学理论的发展，牛顿万有引力模型逐渐成为国内外学者研究空间联系的重要方法之一，其在空间经济和人文社会科学研究中均有着广泛而持续的应用。在早期的研究中，赖利（Reilly）提出的零售引力法则使幂函数型的距离衰减模式得以广泛流传，包括后来的贸易引力模型、旅游引力模型等也是由此发展并推广的，这一模型经过内核的改进形成了接下来的牛顿型（幂函数）和威尔逊型（指数函数）两种基本形式。在经济运行的过程中，金融从本质上来看是一种资本的贸易形式，金融资本的迁移同样会受到类似条件的影响，包括地理位置、资源现状、经济发展水平以及政治因素等。本研究基于贸易引力模型并借鉴部分学者（李山等，2012；杨志民等，2014）的研究经验构建金融空间联系引力模型，在考察山东省金融空间分布格局的基础上，探索金融资本的流转规律和未来的可能分布趋势。

$$G_{ij} = \frac{\sqrt[3]{S_i \cdot L_i \cdot E_i} \cdot \sqrt[3]{S_j \cdot L_j \cdot E_j}}{D_{ij}^2} \quad (i \neq j; i = 1,2,\cdots,n; j = 1,2,\cdots,n)$$

（式6-1）

式中，G_{ij}为i、j两城市的金融联系量，S和L分别为城市金融机构人民币存、贷款余额数，E为金融从业人数，D_{ij}为i、j两城市之间的地理距离；n在这里是17。对于任意城市i，均存在城市j与其金融联系量值大于其他所有城市，记为$G_{ij} = \max$，二者的联结会得到城市最大引力线，金融势能P_i为城市i与其他城市的金融联系量总和。金融势能和最大引力城市表示如下：

$$P_i = \sum_{j=1}^{n} G_{ij}(i \neq j) \qquad （式6-2）$$

$$G_{ij}^{max} = \max(G_{i1}, G_{i2}, \cdots, G_{in}) \qquad （式6-3）$$

二、区域金融空间联系的分析

据式6-1可分别计算出2006—2013年山东省城市的金融势能及引力线数据，运用ArcGIS10.1分析金融势能的空间分布。结果显示，山东省城市金融势能空间分布总体格局趋势比较稳定，中部和东部高于其他地区，呈现出以济南—淄博—潍坊—青岛为中轴线逐步向周边区域平滑递减的趋势。济南市在各考察年度内稳居第一，且所占总势能比重均超过25%，远远领先于其他城市，这表明济南市金融辐射能力居全省首位。图 6-1 以势能比重分级，大于 20% 的为一级，10%—20% 之间的为二级，5%—9% 之间的为三级，小于 5% 的为四级。

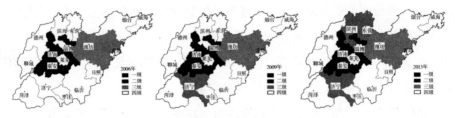

图 6-1　金融势能比重变迁示意图

据式 6-1 和式 6-3，分别计算得到 2006—2013 年山东省 17 地市金融空间联系最大引力线的联结次数（见表 6-2）并绘制出三个代表年度的引力线变迁示意图（见图 6-2）。由于 2006—2013 年的被测度年度里，金融势能比重和引力线的变化是一个缓慢的过程，本研究仅通过变化相对显著的 2006 年、2009 年、2013 年数据来列示演变规律。城市金融空间联系最大引力线联结次数越多，说明该城市金融影响力相对越大，具有更高的空间可支配地位，中心地位也相对越高。结合表 6-2 和图 6-2 可看出，山东省城市金融空间联系量值整体稳定，各年度各城市的引力线变化不显著。但引力线联结次数最多的济南市呈现 8、7、6 次的递减趋势，说明济南市目前的整体发展状况并没有处在有利于建立金融中心的态势，资本在集聚后重新沿着东部和南部的两条线散出，可能的原因是制度环境发展水平没能匹配对应的经济发展水平和金融的集聚速度。

表 6-2　金融势能及最大引力线

城市名称	2006 年			2009 年			2013 年		
	势能	比重	引力线	势能	比重	引力线	势能	比重	引力线
济南市	17.60	0.28	9.00	51.69	0.28	8.00	110.69	0.26	7.00
青岛市	3.87	0.06	2.00	12.61	0.07	3.00	27.62	0.07	3.00
淄博市	6.91	0.11	4.00	18.70	0.10	2.00	44.83	0.11	2.00
枣庄市	0.97	0.02	1.00	3.19	0.02	1.00	6.45	0.02	1.00
东营市	2.47	0.04	1.00	7.64	0.04	2.00	19.02	0.05	2.00

续表

城市名称	2006 年			2009 年			2013 年		
	势能	比重	引力线	势能	比重	引力线	势能	比重	引力线
烟台市	1.96	0.03	2.00	6.45	0.03	2.00	13.09	0.03	2.00
潍坊市	4.66	0.07	2.00	13.57	0.07	2.00	31.42	0.08	2.00
济宁市	2.71	0.04	2.00	8.68	0.05	2.00	21.58	0.05	3.00
泰安市	7.97	0.13	2.00	22.65	0.12	2.00	46.04	0.11	2.00
威海市	0.70	0.01	1.00	2.31	0.01	1.00	4.42	0.01	1.00
日照市	0.52	0.01	1.00	1.74	0.01	1.00	4.74	0.01	1.00
莱芜市	1.94	0.03	1.00	4.58	0.02	1.00	8.45	0.02	1.00
临沂市	1.77	0.03	2.00	5.66	0.03	2.00	13.71	0.03	2.00
德州市	2.81	0.04	1.00	7.60	0.04	1.00	16.63	0.04	1.00
聊城市	2.36	0.04	1.00	8.19	0.04	1.00	18.16	0.04	1.00
滨州市	2.73	0.04	1.00	8.35	0.04	2.00	22.05	0.05	2.00
菏泽市	1.26	0.02	1.00	3.59	0.02	1.00	9.49	0.02	1.00

图 6－2　金融引力线变迁示意图

三、结果讨论

在现实层面，各级政府部门一方面应积极推动全省范围的金融生态环境建设，在重点提高差环境地区发展水平的同时，充分发挥济南市作为金融中心的影响力；另一方面应促进城市金融集聚，强化"济南—淄博—潍坊—青岛"金融势能带的作用。同时，加快地方金融业发展，积极引进国内外金融力量并创造良好的社会信用环境，尤其要建立信用监督及失信惩戒机制。从总体上实现金融生态环境—金融中心—金融空间联系相互促进、良性循环的发展格局。

从综合金融生态环境的评价结果可以看出,东部地区近年来的金融生态环境发展水平整体较高,推动了该区域金融势能比重的逐步上升以及省内的过饱和资源由中部流向东部的趋势。同时,来自济南市的过饱和金融资源也一定程度流向了其周边金融生态环境相对较好的东营、济宁、滨州等地,实现了资源的再配置。从金融的影响力来看,济南市仍稳居全省首位,主要的空间联系来源于其周边城市及中西部城市。因此,地理位置对于金融的空间联系的影响起到重要作用。例如,青岛虽然拥有较好的金融生态环境,但处于山东省的东部边界区域,其所获得的金融势能与济宁并列第二且远落后于济南,与济南距离较远而金融生态环境相对较差的临沂、枣庄等地更是在发展中逐步失去了金融联系。总体来讲,基于金融空间影响力的角度看,济南市是更适宜作为区域金融中心发展目标的城市,但现有的金融制度环境决定了其金融资本的过度饱和状态,造成了资本的外流。金融生态环境的向好可以减少流通摩擦,提高城市的金融势能可得性和资本的饱和度上限,是区域金融中心城市建设和发展的制度保障。

本章小结

通过评价山东省金融生态环境的发展水平以及对金融势能及金融引力线的计算,获得了山东省区域金融资产的分布和流转趋势。结果表明:制度环境是决定金融资本流动的重要因素,良好的金融生态环境可以提升所在区域的资本吸纳能力和流转速度,从而提高资源的配置效率,促进经济发展。而对于金融生态环境发展水平的提高,积极的信用体系建设和适当的政府干预尤为重要。信用制度建设是减少信息不对称、防范金融风险的制度选择,也是市场经济的客观要求。政府干预程度的减弱可以改变制度由国家供给的垄断模式、激发制度发生自发演化的可能性,市场在制度不均衡时因追求潜在获利机会的自发演化是社会进步的必要条件（Hayek，1979），金融势能的流转便是诱发这种制度自发演化的途径之一。另一方面，弱化政府干预程度能够实现在市场功能发挥的前提下，避免因辖区利益观所产生的资本流动的地方分割。因此，一个良好的制度环境，是实现区域经济一体化及长期稳定增长的必要条件之一，它可以在一定程度上缓解资本流通层面的"以邻为壑"及资源配置方面的障碍，从而使市场发挥更有利于经济增长的分工效率与规模效应（王守坤，2014）。

第七章　政治关联、制度环境与企业绩效：
基于提升企业绩效的视角

在第五章的研究中，我们得出了良好的制度环境会促使企业在发展过程中将更多的精力投身于能力建设上的结论，而不是通过建立政治关联去谋求眼前利益。在实证的过程中，通过计算金融生态环境指数作为制度环境的代理变量，主要是基于探讨的核心为企业的融资约束问题，故以金融层面的指数来衡量制度环境。但该指数为笔者构建的指标体系所得，为使本研究结论更为稳健，本章以樊纲（2011）的市场化指数这一已被学界广泛认可的制度环境代理变量，对制度环境与政治关联的声誉替代效应进行再次的实证研究。由于使用的是市场化指数作为制度环境的代理变量，因此，本部分将企业经营的最终结果——企业绩效作为研究的核心指标，探讨政治关联、制度环境与企业绩效之间的关系，以期望获得与前文相同的结论指向，增加结论的稳健性。

第一节　制度环境影响企业绩效提升战略的机制分析

一、制度环境与企业绩效

通常而言，较好的制度环境和适度的政府干预会为企业提供更优越的发展环境，也会给予投资者更有利的保护。既有文献表明，在经济发展落后的地区，企业的发展通常会面临诸多的体制性障碍和资源限制。制度环境的向好有利于企业降低实际税率（刘慧龙，2014）、促进知识创新（钟娟等，2012；李后建，2014）并直接提高企业绩效（胡湛湛，2013；高冰和王延章，2014），对所在地企业的发展产生显著的正向作用。理论上，较好的制度环境意味着所在地区的经济基础好、金融发展水平高，企业可以通过较低的交易成本获得自身发展所需的资源和社会服务，将发展的注意力更多地放在企业自主经营，减少在发展经营中的摩擦和消耗。结合上述，笔者提出如下研究假设：

H1：较好的制度环境对企业发展具有正向作用，能够提升企业绩效。

二、政治关联与企业绩效

现有研究表明，企业涉足政治可以获得来自于政府的资源、信息以及保护效应，对于企业的综合竞争力和绩效会产生显著的促进作用。包括对于企业的市场占有率（Faccio，2006）、银行贷款（郝项超等，2011）、税收负担（吴文锋等，2009）以及财政补贴（张洪刚和赵全厚，2014）等方面均能产生正面影响。尼森和伦齐（Niessen 和 Ruenzi，2010）以德国企业为样本的实证研究发现，具有政治关联企业的绩效指标显著高于缺乏政治关联的企业。在这里，政治关联可以作为一种"信号机制"，能降低企业之间的信息不对称，减少逆向选择，同时传达了企业对外的声誉、发展潜力及价值。考虑到政府官员的晋升激励和届别周期，地方企业通常可以较容易地获得官员的扶持，以较低的成本得到政府支持来降低制度环境带来的违约风险并获取各方面利益。基于此，笔者提出如下研究假设：

H2：在其他条件一定的前提下，企业建立政治关联有助于绩效的提升。

三、政治关联、制度环境与企业绩效

过往研究表明，政治关联对企业绩效的影响会受到所在区域的资源禀赋、政府导向、金融发展以及法律环境等多方面的影响，二者关系的复杂程度远超过以往研究的预期。理论上，制度环境好的区域通常有着较小的政策波动性和较低的政府干预程度，这在一定程度上降低了企业的决策成本和所面临的政治风险。同时，较好的制度环境能够引导市场的充分竞争，降低信息的不对称性，相对完善的法律体系和信用体系也使得契约的执行承受较低的违约风险。总体而言，好的制度环境能够为投资者提供良好的资源环境和信息传播环境，一定程度上替代了政治关联所具有的声誉信号作用。而在制度环境较差的地区，企业经营的交易成本巨大且随时面临地方政府的机会主义行为，制度环境的不确定性使企业建立政治关联能够成为最经济的获取资源的方式，将会促进企业绩效的提升。因此，笔者提出如下研究假设：

H3：不同制度环境条件下，政治关联对企业绩效的影响程度是不同的。在环境差的地区，政治关联对企业绩效的提升效果更明显；而在环境好的地区，政治关联的这种提升作用会下降。

下文针对上述问题进行实证检验，即分析以制度环境为背景的政治关联如何影响企业绩效。

第二节　模型构建与数据来源

一、实证模型构建

本书通过构建如下 OLS 多元回归模型对上述假设进行检验：

$R\&Q = f(MI, MI \times PC, X')$ （模型 7-1）

$R\&Q = f(MI, PC, X')$ （模型 7-2）（模型 7-3）

$ROA = f(MI, MI \times PC, X')$ （模型 7-4）

$ROA = f(MI, PC, X')$ （模型 7-5）（模型 7-6）

上述模型中，解释变量包括权属性质（PC）、交互项（$MI \times PC$）、市场化指数（*MI*）及各类控制变量，*X'* 是各类控制变量，变量的定义及内涵说明见表 7 - 1。在模型设定上，模型 7 - 1、模型 7 - 4 主要考察 H1、H3，即政治关联对于企业绩效的影响，模型中引入了交互项，意在检验制度环境对于不同权属性质的企业在绩效提升方面是否存在差异；模型 7 - 2、模型 7 - 3、模型 7 - 5、模型 7 - 6 考察了在制度环境发生变化的情况下，政治关联与企业绩效的关系。

表 7 - 1　变量的定义及内涵说明

变量名称	变量符号	内涵说明
政治关联	PC	定义为存在政治关联的企业，取值为 1，否则为 0
市场化指数	MI	《中国分省份市场化指数报告（2016）》，王小鲁、樊纲、余静文著，系数预期为正
公司规模	Size	总资产取对数；较大规模的公司更容易取得资源优势，包括跨越经营门槛及降低综合经营成本，系数预期为正
大股东持股比例	LS	控股股东持股数占总股数的比例；大股东持股比例越高，意味着公司高管信心充足，对企业内外都是一种积极信号，系数预期为正
公司成长性	Growth	（当年营业收入 - 上年营业收入）/上年营业收入；成长性强的公司资源配置通常都比较合理，净资产获得能力也相对较高，有助于企业绩效的提升，系数预期为正
债务结构	Debt	长期负债/总资产；较高的债务比例意味着公司的整体运营欠缺稳定性，系数预期为负
流动性	Turnover	流动资产/流动负债；流动性是指企业资产在价值不损失情况下的变现能力和偿债能力，系数预期为正

二、样本选择与数据来源

由于本书的制度变量使用的是樊纲的市场化指数，为使该指数在实证过程中的时效性更强，基于其更新的情况，本章以 35 个大中城市 2013 年、2014 年上市公司的数据为样本对上述问题进行实证检验。由于本章讨论的核心不在于制度环境变迁过程对企业成长的影响，而是以考察好环境与坏环境的差异对企业的选择为主，因此，笔者基于数据的可得性和对样本时效性的需求对数据进行如上选择。并根据研究需要进行如下筛选程序：（1）剔除样本中的金融类、保险类企业，由于该类企业无论从发展资源的获取还是所面对的政策环境均与其他企业存在较大差别；（2）剔除注册地址与办公地址不一致的企业，该类企业的绩效很可能受到两地制度环境的共同作用，难以获得准确的测度数据；（3）剔除 ST 股及上市时间不足一年的公司，这两类公司由于相对具有特殊性，为避免其对最终结果的干扰，予以排除；（4）剔除部分度量指标无法计算或相关财务数据缺失的企业。最后，共获得了 1667 个研究样本的非平衡面板，数据来源于 Wind 资讯金融终端系统、CSMAR 数据库、东方财富网以及中国财经信息网首页。变量的描述性统计见表 7－2。

表 7－2　变量的描述性统计

变量	平均值	标准差	最小值	最大值
MI	12.627	7.536	0.987	32.124
PC	0.516	0.771	0	1
Size	18.113	3.742	13.337	23.761
Growth	0.192	0.871	−0.926	3.175
LS	0.501	0.342	0.155	0.981
Debt	0.626	0.412	0.260	0.979
Turnover	5.457	3.512	0.594	12.762

第三节　变量的定义与计算

一、制度环境变量的选取与说明

制度是为了规范人类互动行为所设计出来的一种约束（North，1990），从某种程度上来说，也是一种"社会的游戏规则"。从抽象层面来看，学界对于制度的界定已经达成了相对一致。然而，关于如何从实证的角度来测量制度却并无定论。由于制度本身具有一定的抽象性，无法获得相对直观的代理变量数据，学者们通常根据研究需要来进行一些指标体系的设计，通过指数的计算来对制度进行描述。通常的制度可以分为正式制度和非正式制度。正式制度的测量相对而言能够找到更为清楚的依据，多来源于一些建立在可证实的且不受主观判断影响的书面文件中。而非正式制度的测度则有难度，通常而言，它只能建立在行业内专家或参与者主观印象的基础之上，通过主观打分或其他形式的虚拟赋分来进行测量。

由于制度对于社会经济发展所具有的重要作用，大量经济、管理或社会学领域的研究都无法离开制度变量的获取，部分学者开始尝试寻找获取制度变量的更为科学、合理的测度方法。格雷泽等（2004）提供了司法层面测量正式制度的架构和基本原理，对于司法独立性，格雷泽（2004）使用其构建的两个指标进行测量，其中一个指标与最高法院法官的任命形式是相关的，而另一个指标则与立法的司法监督有关。

虽然正式制度的测量能够一定程度地避免主观偏见等问题，但是如何通过指标体系或其他评价方法来完整地刻画出制度环境的全貌却是复杂而艰难的。经济学家及社会科学家们在过往的研究中使用了多种测量手段，试图对正式制度的差异性进行更精准的描述，同时尽可能减少对非正式制度测度的主观影响。

随着近年来制度研究成果的积累，研究者对于制度环境的一些替代性指标开始有了相对统一的认识。主要使用的制度环境指标有两个。第一个制度环境测量指标是市场化指数，这一指数主要来自2006年中国省域市场化进程指数报告（Fan等，2007）。这份报告使用主成分分析法构建了中国省域的市场化进程指数，包括"政府与市场之间的关系""要素市场发展程度""产品市场发展程度""非国有制经济体的发展""市场中介体系的发展"以及"法制环境体系的发展"六个方面。同时，他们也使用了由樊纲等（2007）提供的市场化进程指数作为制度环境的代理变量。在这份报告中，市场化的得分越高，区域市场化进程就越快，那么区域制度环境就越好。在不同的区域和不同的年份，市场化进程指数是相对稳定的，因此多数学者当前较多地使用市场化指数来作为制度环境的代理变量。

本书讨论的核心在于制度环境的比较，关注的是好与坏的差别，而非某一区域的制度环境发展水平，因此，本书各区域的制度环境替代变量选取《中国市场化指数（2011）》中的部分数据。在该指标体系的测度中，市场化指数仍然使用主成分分析法为基本计量方法构造，包括 23 个分指标，各分指标在指数中的权重并不依赖于"专家评分"等主观因素，从整体来看可以较好地匹配本研究的数据需要。

二、政治关联的变量定义与取值说明

在探讨政治关联与企业绩效关系时，通常可以发现，理性官员在选择加入企业时，通常会选择拥有较好当期营业收入或者较好预期的企业。基于此，企业绩效对政治关联可能存在一个反向影响。针对这种可能存在的内生性问题，既有文献中较有代表性的是通过采取工具变量的两阶段回归对内生性问题进行处理（邓建平，2009）。以注册地为工具变量对于我国企业早期的发展状况比较合适，较早阶段处于发达地区的企业得到优先发展，可以视为更可能建立政治关联的企业，因此，企业注册地可以视为一个相对有效的工具变量。然而，现阶段我国经济已经呈现全面的快速发展，就建立政治关联的能力来看，各地区并无显著差别。而相对落后的地区由于制度环境差以及盲目地追逐 GDP 等晋升指标，政府迎合企业建立政治关联反而存在更大的可能性。所以在当前阶段，企业注册地已经不再是政治关联合适的工具变量。

为尽可能地减少内生性的影响，在整理政治关联数据时，国有企业及国有控股（大于50%）的企业直接定义为存在政治关联。而对于民营企业，本研究剔除了上市公司的其他高管，单独考察董事长的政治背景。因为，企业通常为实现更高效的内部控制，不会聘请他人担任董事长职务，相比较而言，董事长的政治关联受内生性的影响要比总经理小。因此，本书基于上市公司的权属性质以及企业董事长是现任或曾任的政府官员来对政治关联虚拟变量进行判定，定义为存在政治关联的企业，虚拟变量设为1，否则为0。

三、企业绩效的变量计算

企业绩效是反映公司经营业绩和效率的指标，除了体现公司的运营现状，还是投资者对企业未来市场表现的一个预期。为了兼顾上述两个方面，本书将公司的财务指标和市场业绩指标结合起来作为企业绩效的衡量指标，采用净资产利润率（ROE）和托宾 q（Tobin's q）值的算术平均值 R&Q 作为企业绩效的指标。同时，引入资产收益率（ROA）用于反映上市公司资产获利能力的变化情况，作为衡量企业绩效的另一个指标。

第四节　实证结果与分析

一、政治关联效应

从表7-3的回归结果中，我们能够发现，在模型7-1至模型7-6中的 PC 系数均显著为正，说明企业建立政治关联有助于绩效的提升，支持了 H2。这意味着对于任何制度环境下的上市公司而言，在不考虑成本的前提下建立政治关联都能够起到一定程度的传递企业声誉信号的作用，有助于企业在市场竞争中取得优势地位。在模型7-2、模型7-3、模型7-5、模型7-6中，相比于拥有较好制度环境的上市公司而言，差环境地区上市公司的 PC 解释系数更大，说明在差环境地区，企业建立政治关联能够获得更显著的关联效应，这种关联为企业带来的资源、信息及保护效应对于其绩效的提升效果明显。究其原因，在制度环境较差的地区，政府干预程度通常较高，削弱了市场的竞争机制，而频繁的政府干预意味着政策缺乏一致性，这将为企业带来很高的政策风险。政治关联作为产权保护的替代机制，可以通过降低政策环境的不确定性来降低交易成本并使企业获得长远的超额收益（杨其静，2010）。与此同时，差环境地区的经济发展水平整体较低，政治关联所带来的资源和信息效应可以为企业带来更大的边际效用。

二、制度效应

模型 7 - 1 至模型 7 - 6 中 *MI* 的回归系数均显著为正，这意味着良好的制度环境确实有助于提升企业的绩效，支持了 H1。制度环境的向好为企业提供了更好的制度政策，使企业可以享受到地区金融发展的红利，同时也减少了整个社会在发展过程中的租金耗散。在微观层面，良好的制度环境可以使企业免除对生存环境的担忧，减轻发展中的摩擦损耗，降低交易成本，更能专注于本身竞争力的提高。除了经济运行现状和金融发展水平的提升所带来的资源效应外，信用制度建设水平的提高为企业发展提供了信息效应，政府干预程度的调整也在一定程度上完善了企业所面对的制度环境。

三、声誉替代效应

在模型 7 - 1、模型 7 - 4 中通过设置交互项进一步检验上述结论，在实证检验政治关联、制度环境与企业绩效关系的基础上，着重考察在企业绩效的影响因素中，政治关联与制度环境的各自作用以及二者之间的相互影响。从回归结果看，交互项 $MI \times PC$ 的系数在 1% 的水平上显著为负，这说明了在制度环境水平提高同等程度的情况下，无政治关联的企业可以从中获益更多，换句话说，对于关联企业而言，制度环境的发展在提升其企业绩效方面所能发挥的力量不及非关联企业。基于现实层面的解释是，企业经营区域的制度环境发展水平提高，意味着政府会供给更为有效的制度，也就是说，整个市场的竞争环境更加公平，信息更加对称，这会削弱企业原本依靠政治关联所带来的政府资源、信息及保护效应。同时由于该区域的经济基础现状、金融发展水平、法律环境及其他软环境建设水平的提升会作为地方发展红利以公共物品的形式配置给区域内的所有企业，因此，这时的政治关联不再有之前的显著效应。同时，由于企业在建立政治关联的过程中，需要运用大量的资源和精力去游说政府官员，同时还要基于官员的政治目标而进行一些无关本身发展的活动，包括帮助政府稳定就业、进行公益性投资以及非意愿的捐赠等行为，这些行为使企业在经营的过程中偏离了利润最大化的目标。因此，当制度环境向好时，企业会重新比对政治关联的成本与收益，依据比对结果来重新判断政治关联的必要性。

结合模型7-2、模型7-3、模型7-5、模型7-6的回归结果，我们能够发现，当制度环境足够好时，其本身所配置出去的制度效应可以在极大程度上替代企业在过往只能依靠建立政治关联才能获得资源、信息及政府的保护。因此，制度环境好的地区同样具有一种声誉，是基于"有效政府"或"有效制度"的品牌效应，它能够替代政治关联的声誉效应，此时的企业建立政治关联已经不再是最优选择，他们可以通过跨区经营，或者转移总公司的办公地点来获得制度红利，而不再一味地依靠政府昂贵的"扶持之手"。因此，从另一个方面看，我们认为政治关联会基于制度的变化而存在一个效率的边界，即当制度环境足够好的时候，理性的企业不会选择建立政治关联。

表7-3 回归结果

变量	R&Q			ROA		
	模型7-1 （全样本）	模型7-2 （好环境）	模型7-3 （差环境）	模型7-4 （全样本）	模型7-5 （好环境）	模型7-6 （差环境）
MI	0.426**	0.447**	0.423*	1.105**	1.161**	1.035**
	(1.980)	(2.152)	(1.869)	(2.243)	(2.393)	(2.151)
MI×PC	-0.241**			-0.517***		
	(-2.362)			(-4.334)		
PC	0.160**	0.188*	0.222**	0.369**	0.346*	0.378**
	(2.101)	(1.889)	(2.431)	(2.154)	(1.971)	(2.378)
Size	0.005	0.007	0.007	0.028	0.030	0.031
	(0.182)	(0.235)	(0.226)	(0.583)	(0.596)	(0.597)

变量	R&Q			ROA		
	模型 7 – 1 （全样本）	模型 7 – 2 （好环境）	模型 7 – 3 （差环境）	模型 7 – 4 （全样本）	模型 7 – 5 （好环境）	模型 7 – 6 （差环境）
LS	0. 036 *	0. 032	0. 031	0. 042	0. 061 *	0. 057
	(1. 765)	(1. 457)	(1. 521)	(1. 412)	(1. 701)	(1. 559)
Growth	0. 003	0. 003	0. 002	0. 023	0. 024	0. 021
	(0. 065)	(0. 063)	(0. 052)	(0. 091)	(0. 096)	(0. 081)
Debt	− 0. 251 *	− 0. 242	0. 124 *	− 0. 128	− 0. 134	0. 120
	(− 1. 669)	(− 1. 571)	(1. 915)	(− 1. 102)	(− 1. 171)	(0. 883)
Turnover	0. 002	0. 003	0. 003	0. 017	0. 018	0. 009
	(0. 020)	(0. 029)	(0. 031)	(0. 521)	(0. 537)	(0. 234)
Constant	1. 797 * *	1. 507 *	1. 639 * *	1. 302 * *	0. 987 *	0. 989 * *
	(2. 292)	(1. 906)	(2. 096)	(2. 235)	(1. 923)	(1. 977)
Adj – R^2	0. 245	0. 231	0. 204	0. 187	0. 171	0. 137
N	1667	1183	484	1667	1183	484

注：括号内为 t 值，* 表示 p < 0.1，* * 表示 p < 0.05，* * * 表示 p < 0.01。

第五节 面板门槛回归：基于 *MI* 的效率边界识别

同第五章，本部分同样地使用汉森（Hansen，1999）提出的面板门槛模型来考察在不同制度环境下政治关联与企业绩效之间可能存在的非线性关系。假设存在不止一个门槛，将多重门槛回归模型设定如下：

$$R\&Q_{it} = \beta_0 + \beta_1 MI_t + \beta_2 PC_{it}I(MI_t \leqslant \gamma_1) + \beta_3 PC_{it}I(\gamma_1 < MI_t \leqslant \gamma_2) +$$

$$\beta_4 PC_{it}I(MI_t > \gamma_2) + \theta' X_{it} + \mu_i + v_{it} \qquad （式 7 – 1）$$

其中，MI_t 为门槛变量，PC_{it} 为区制解释变量，γ 为未知门槛值，X_{it} 为控制变量。$I(\cdot)$ 在这里作为指标函数，当括号内的条件满足时，其取值为 1，否则为 0。从表 7 – 4、表 7 – 5 的检验结果中，我们获得了单一门槛模型显著估计值，双重和三重门槛效果不显著。在对资产收益率进行门槛回归时，发现与净资产利润率和托宾 q 的算术平均值（R&Q）存在相似的门槛效果，本部分仅报告和论述对 R&Q 的考察结果。

表7-4　门槛效果检验及估计结果

	F 值	P 值	临界值			门槛估计值	95%置信区间
			1%	5%	10%		
单一门槛	81.132***	0	67.391	20.296	7.871	27.395	[26.529，27.978]
双重门槛	18.551	0.627	14.013	5.887	3.701		
三重门槛	2.194	0.538	8.679	7.030	4.581		

表7-5　模型参数估计结果

解释变量	系数估计值	T 值	P 值
PC_{it}（$MI_t \leqslant 27.397$）	1.194***	3.816	0.000
PC_{it}（$MI_t > 27.397$）	-0.879***	-2.986	0.000

基于单一门槛估计结果表明，在以门槛值为界限的两个区段中，二者关系依然发生了反转。究其原因，在较差的制度环境中，企业在竞争中需要面对更多的不确定性，包括来源于竞争对手的和来源于政府的制度供给的波动性。制度环境的差异会造成所在地区企业资源获取方式、信息成本及法律环境的差异。良好制度环境的城市会以"有效政府"的类似于品牌效应的方式来产生另一种"城市声誉"，它可以解决区域内企业对于经营过程中生产环节以外的种种担忧，使所在区域的企业无须寻求政府的"扶持之手"也可以获得公平的竞争机会。同时，良好的制度环境同样意味着所在区域较为完善的法律体系和良好的人文环境，这会给予政治关联这种私下的利益传播方式以更严厉的监督机制和更高的社会厌恶，在降低了社会监督成本的同时，提升了该种社会状态下的惩罚成本。政府在大力推行制度环境建设的过程中，很多以往基于制度缺陷所产生的非正式替代机制都将自行消失。另外，大多数非正式制度由于其不可见光性，其执行过程都伴随着市场效率的降低以及整个社会的租金耗散，因此，建立良好的制度环境无论对于整个社会层面的健康有序发展还是企业能力建设的发展策略回归都有着积极的理论意义和现实意义。

本章小结

本章实证检验了制度环境、政治关联对企业绩效的影响。得出如下研究结论：（1）从对企业绩效的影响来看，制度环境发展水平的提升和政治关联的建立均会对企业绩效产生正面效应，在制度环境水平较低的阶段，企业依靠政治关联更能够获得绩效的显著提升；（2）在制度环境水平不断提高的过程中，政治关联对企业绩效的影响效果呈现逐步下降的趋势，较好的制度环境以更为廉价的资源配给方式替代了政治关联所带给企业的各种营运资源，二者存在的声誉替代效应使企业建立政治关联的意愿下降；（3）当制度环境足够好，也就是市场化指数大于某一门槛值时，企业建立政治关联所产生的消耗会大于最终所获得的收益，政治关联将不再是企业的理性选择。

中国作为转型经济体，不同地区的制度环境差异巨大。在企业的生存竞争中，政治关联往往能够立竿见影地为企业带来经济利益，为关联政府带来政绩，而核心竞争力必须经历漫长而艰苦的努力才能逐渐积累起来。因此，无论对于企业家还是在位的官员来说，基于风险和任期的考虑，似乎都没有理由去选择后者，这使得政治关联这种短视而有害的行为长期稳定地存在。在资源和精力有限的前提下，企业一旦专注于构建和维持政治关联，则必然会挤掉核心竞争力建设的投入。制度环境的发展可以对企业的上述两方面选择产生反转影响，其本身所配置出去的制度效应可以在极大程度上去替代企业在过往只能依靠建立政治关联才能获得资源、信息及政府的保护。因此，制度环境好的地区同样具有一种声誉，是基于"有效政府"或"有效制度"的品牌效应，它能够替代政治关联的声誉效应。所以对于政府而言，应该积极地推动制度环境建设，减少制度环境的波动性和区域之间的差异性，给予所有企业以良好且公平的外部环境，给予更多、更大范围的有效制度，使企业不必担心来源于市场以外的风险，将管理核心置于内部的发展，专注于市场层面的竞争，久而久之，才能打造出具有国际竞争力的企业和产品。

第八章　制度环境、核心能力与企业成长：
基于内在能力建设的视角

通过第五、第六、第七章的实证分析，我们了解到良好的制度环境会引导企业摒弃基于短期利益的政治关联，将目光立足于长远，更多地关注本身核心能力的发展。本章将继续关注这种可预期的战略选择，实证检验制度环境、核心能力与企业成长的关系，集中考察良好的制度环境是否可以促进企业更倾向于将资源投放于核心能力的建设上，如果这一命题得到证实，将为本书结论提供更为直接的经验证据。

第一节　理论分析

一、企业的核心能力

核心能力理论最初由普拉哈拉德和哈梅尔（Prahalad 和 Hamel，1990）提出，之后一直受到企业战略管理界和实践界的关注。普拉哈拉德和哈梅尔认为核心能力是企业组织知识的积累，是协调企业生产技能和进行技术创新的关键所在，它能够为企业在经营中提供竞争能力和竞争优势（Teece等，1997）。埃里克森等（Erricson et al.，1998）认为核心能力是组织资本和社会资本的有机结合，组织资本反映了技术创新、项目流程协调和生产等技术方面，而社会资本表现了社会环境对企业的影响。巴顿（Barton，

1992）所描述的核心能力更像一个复杂的系统，包括企业员工的技术、知识以及企业运作的系统和企业价值观的竞争力。总体而言，学者们所阐述的核心能力理论基本围绕着以知识、技术为基础的市场竞争力而体现，它既能反映一个企业当期的经营状态，也能体现其未来的发展潜力。

二、制度环境与核心能力

不同制度环境下，企业对于核心能力建设的关注能力和期望程度是不同的。通常而言，企业投入大量研发资金意在获取核心竞争力（技术等）上的优势。但在较差的制度环境中，核心技术在市场中并不能够得到良好的保护，其他企业很容易通过低成本的模仿获得超额利润，从而占据市场竞争中的优势。而研发投入者基于先期的沉没成本，会在产品的价格竞争中处于劣势并逐步失去市场份额。企业难以获得进行研发投资的动力，市场中将呈现越发明显的"劣币驱逐良币"的特征，同时也伴随着人们生活水平的下降。

反过来，在较好的制度环境中，正式制度可以起到约束或激励市场行为的主导作用。正式制度的安排一方面能够在有效地降低企业间交易成本的同时，为企业的专业化经营提供良好激励，促进企业核心能力的建设；另一方面，正式制度主导的市场通常意味着相对公平的竞争环境，尤其对于民营企业的发展而言，具备特定优势的企业很容易在市场竞争中脱颖而出并留存下来。良好的制度环境具有天然的选择功能，将更注重核心能力建设的企业留存下来，更多具有竞争意识的成员所组成的市场也会向更有效率的完全竞争状态靠拢。

三、基于核心能力的企业战略观

很多涉及企业战略选择的研究表明，商品市场、劳动力市场和资本市场的发展水平越高，市场竞争越充分，企业家投靠政府的意愿越薄弱。这是因为，在正式制度主导的市场环境中，市场的开放程度很高，地方保护主义发挥的空间很小。个别企业基于有限的保护优势所获得的市场份额很容易被大量随时可自由进入的竞争对手所取代。企业在长期经营后会发现，通过学习而提升的核心能力才是获得市场份额的根本方法。从另一个方面看，市场竞争的加剧会使消费者从中获益，市场提供的更多选择在提升消费者生活质量的同时也使其对于商品的选择日益成熟并且更加挑剔，而企业只有不断提升核心能力才能通过高品质的商品来满足消费者需求并获得市场份额。以上几个方面因素的共同作用促使市场竞争日趋激烈，企业只有快速构建并不断提升核心能力，才能提高专业化经营效率，获得可持续的发展，而这种导向的前提是有一个良好的制度环境。

对于企业而言，其核心能力一旦形成，除了基于其专有性、稀缺性和不可模仿而在短期内获得超额利润，还具备了鲜明的行业声誉效应。具体来说，有能力构建核心能力的企业，说明其对于所从事的行业以及业务有着全面深刻的理解和丰富的经验，从而确保其在该行业或业务领域能够率先建立研发系统，并通过不断的持续投入取得可呈现于市场的专利、商标与品牌等核心能力的物质载体。核心能力能够深深嵌入企业所从事的具体行业内，因而在不同行业之间很难转移，但在同一行业或相关行业内则可以较为自由地实现跨区域的转移，有利于企业实现基于技术层面的规模扩张。

资源基础观认为，企业的成长方向战略选择主要由其本身资源能力基础所决定，并且要受到路径依赖的影响。在正式制度主导的市场环境下，企业的竞争优势主要来源于其构建的核心能力。这种核心能力自然也在很大程度上决定了企业的成长战略选择。

第二节　变量的定义与计算

由于本书在第五、第六章已经对制度环境和企业绩效两个变量进行了说明和测度，本节不再赘述。企业在行业内的核心能力建设水平测度较为复杂，过往研究中都是通过多个指标的协同考察来构建核心能力指数（何涌等，2013；邓智腾，2013），本书所强调的核心能力提升主要是对应于企业以技术水平提高为前提的产品品质提升和市场竞争能力的提升。而从技术创新的角度来看，企业的核心能力很大程度上由其所掌握技术的先进程度决定，领先的技术意味着企业可以更大可能性地占领市场，获得竞争优势。本节将企业的研发投资强度作为企业核心能力的代理变量。在被解释变量方面，由于企业的成长行为是一个相对动态的描述，因此通过代表当期经营表现的企业绩效和代表企业未来成长能力的增长潜力指数作为代理变量。下面对上述变量的内涵及计算方法进行说明。

一、研发投资强度 RDII（R&D Investment Intensity）

对于企业的研发投资强度，过往大量文献已经形成了相对一致的测度方法（廖开容和陈爽英，2011；李诗田和邱伟年，2015），通过当期研发支出与营业收入的比值来表示企业研发投资强度，体现了企业在一定时期内的研发支出意愿，能够较大程度地反映企业在行业内的核心能力水平。

二、增长潜力 GP（Growth Potential）

增长潜力代表了企业经营的未来趋势，并衡量了其发展水平，尤其是长期发展水平。对于一个企业的发展与成长而言，要同时从静态和动态进行分析，企业的当期绩效可以作为静态的考察部分，增长潜力即表现了企业成长的动态部分。在参考了过往研究的一般选择及数据的可得性后，本研究选择上市公司财务报表中的营业利润率、净资产收益增长率、股东权益增长率、主营收入与主营利润增长同步率、资本周转加速率作为企业增长潜力的测度指标。

考虑到后面的实证研究，在此处对上述 5 个变量进行降维处理。在主成分分析中，我们发现特征值大于 1 的主因子有 3 个，而其累积贡献率并未达到 85% 的一般标准。也就是说，5 个变量中有 3 个对于增长潜力指标具有解释力（见图 8-1），主成分分析无法进行充分的降维。因此，本节采取有序逻辑回归的方式来构建一个增长潜力指数，将 GPI（增长潜力指数）作为被解释变量对表 8-1 中的 5 个变量进行回归，估计出各个变量的回归系数（见表 8-2）并代入原等式，可以计算出反映每一家上市公司发展潜力的 GPI，GPI 越大，意味着上市公司核心能力建设的动态部分发展越好。

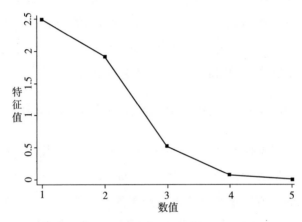

图 8-1　主成分分析后特征值的碎石图

有序逻辑回归的结果与主成分分析形成较好的呼应，企业的营业利润率、净资产收益增长率以及股东权益增长率能够较显著地解释 GPI。

表 8-1　增长潜力指标的计算与说明

变量	变量说明	变量计算	说明
营业利润率（OPM）	营业利润与营业收入的比率	$OP/Income \times 100\%$	营业利润率反映了企业获得利润的能力，营业利润率越高，企业能够用于未来的发展资金越充裕，企业的增长潜力越大
增长同步率（OPR）	利润增长率与收入增长率的比率	MPG/MRG	企业的利润增长水平高于其收入增长水平，说明企业发展较快，成长性较好
净资产收益增长率（GR）	本期净资产总额与上期净资产总额的比率	$E_i/E_0 - 1$	反映资本的扩张质量和速度，净资产收益增长率越高，说明企业的发展动力越强

续表

变量	变量说明	变量计算	说明
股东权益 增长率（CMA）	税后利润保留数 额与股东权益总 额的比率	$(E_0 + P) / E_0$	反映了企业对投资者资本的保全和增 值能力，该比率越高，所有者权益增 长越快，企业前景越好
资本周转 加速率（HGR）	资本周转速度的 年度变化比率	At_i / AT_0	体现上市公司股东资本的运转与利用 效率，可以较好地体现企业可持续发 展的潜力

表 8 - 2　构建增长潜力指数回归结果

	OPM	OPR	GR	CMA	HGR	Adj - R²	N
GPI	12.132**	7.046**	15.364*	2.980	5.325	0.275	1667
	(2.290)	(1.971)	(1.762)	(0.631)	(0.873)		

注：括号内为 t 值，**、* 分别表示显著性水平为 5%、10%。

第三节　模型构建与数据来源

一、实证模型构建

由于豪斯曼检验拒绝了原假设，本研究通过一个固定效应模型来对上述问题进行实证检验：

$$R\&Q_{t+1} = f(RDII, MI, X') \qquad （模型 8-1）—（模型 8-3）$$

$$ROA_{t+1} = f(RDII, MI, X') \qquad （模型 8-4）—（模型 8-6）$$

$$GPI_{t+1} = f(RDII, MI, X') \qquad （模型 8-7）—（模型 8-9）$$

$$GPI_{t+2} = f(RDII, MI, X') \qquad （模型 8-10）—（模型 8-12）$$

上述模型中，解释变量包括制度环境的代理变量市场化指数（MI），代表企业核心能力的研发投资强度（RDII），以及各类控制变量 X'。由于研发投入对于企业经营效果的呈现具有一定的滞后性，因此，对于企业绩效和企业增长潜力代理变量的取值做了滞后一期的处理。同时，基于增长潜力指数受投资研发的持续影响可能性较大，笔者根据所掌握的数据（截至2013年）进一步考察了滞后二期的 GPI 与研发投资强度的关系。变量的定义及内涵说明见表8-3。

表8-3　变量的定义及内涵说明

变量名称	变量符号	内涵说明
核心能力	RDII	研发支出与营业收入之比；比值越大，企业的核心能力越强
企业成长	GPI	有序逻辑回归计算得到；反映企业未来及长期的发展水平
市场化指数	MI	《中国分省份市场化指数报告（2016）》，王小鲁、樊纲、余静文著，市场化指数高意味着所在区域有良好的制度环境
公司规模	Size	总资产取对数；较大规模的公司更容易取得资源优势，包括跨越经营门槛、降低综合经营成本并获得发展机会
大股东持股比例	LS	控股股东持股数占总股数的比例；大股东持股比例越高，说明公司高管信心充足，一定程度意味着公司可以获得更多的资源投入
公司成长性	Growth	（当年营业收入－上年营业收入）/上年营业收入；成长性强的公司资源配置通常都比较合理，净资产获得能力也相对较高，有助于企业绩效的提升
债务结构	Debt	长期负债/总资产；较高的债务比例意味着公司的整体运营欠缺稳定性
企业年龄	Year	企业建立的年限；生命周期较长的企业意味着对所在领域拥有一定的市场地位和资源

二、样本选择与数据来源

本章实证的核心是考察好、差制度环境对于企业战略选择的影响，基于数据的可得性、时效性以及区域跨度，执行如下筛选程序：（1）剔除样本中的金融类、保险类企业，由于该类企业不涉及生产过程，受政策影响为主，而非企业办公所处的制度环境；（2）剔除注册地址与办公地址不一致的企业，该类企业的绩效很可能受到两地制度环境的共同作用，会对实证结果产生影响；（3）剔除 ST 股及上市时间不足一年的公司，上市时间短的公司由于没到一个经营周期，难以获得准确的实证数据，而 ST 公司由于业绩较差，其数据的可信度较低，为避免其对最终结果的干扰，予以排除；（4）剔除部分度量指标无法计算或相关财务数据缺失的企业。最后，共获得了 1107 个研究样本的非平衡面板，数据来源于 Wind 资讯金融终端系统、CSMAR 数据库、东方财富网以及中国财经信息网首页。变量的描述性统计见表 8 - 4。

表 8 - 4　变量的描述性统计

变量	平均值	标准差	最小值	最大值
MI	12. 506	7. 227	0. 980	33. 991
RDII	0. 038	0. 052	0	0. 772
GPI	2. 774	1. 846	0. 732	4. 533
Size	16. 326	4. 689	11. 597	25. 189
Growth	0. 181	0. 916	- 0. 834	3. 455
LS	0. 511	0. 373	0. 134	0. 997
Debt	0. 624	0. 398	0. 257	0. 977
Year	19. 99	7. 091	6	345

第四节　实证结果及分析

表 8 - 5 为固定效应模型的回归结果。在模型 8 - 1、模型 8 - 4、模型 8 - 7、模型 8 - 10 的全样本回归结果中，我们能够发现，MI 的系数均为正，说明制度环境的发展有利于所在区域企业的绩效提升和长期的增长。在好坏环境的 $RDII$ 系数对比中，处于较好制度环境中的企业，其核心能力建设对企业成长的促进作用要大于差环境区域中的企业，而在以 GPI 作为被解释变量的回归结果中，这种差别更为显著。一定程度上说明了企业的成长要依托于企业对未来的战略规划，好的制度环境可以引导企业尽早作出正确的决策，从而获得市场竞争中的先行优势。在模型 8 - 8、模型 8 - 9、模型

8－11、模型8－12中 *RDII* 系数的横向对比中，滞后二期的系数更大，说明企业的研发是一个漫长的投资过程，核心能力提升效果的呈现需要一定的时间。上述结果的现实意义是，在制度环境好的地区，政府能够提供更为有效的制度、更对称的信息传播环境以及更好的法律保障和契约执行环境。这样的背景下，企业可以在更公平的环境下去竞争资源以及发展机会，政府对于资源的配置也会更大程度地依托于企业在市场中的生产效率。因此，此时的企业会更专注地进行核心能力的提升，无须担忧技术等涉及能力方面的投入回报风险。在生产者的预期中，只要可以获得生产能力的优势，就有占据市场的机会和制度保证。这样的大环境也会使整个社会中的生产者把提升生产效率作为发展核心，市场才会向完全竞争靠拢，实现社会经济发展的最大效率。

从回归结果中（见表8－5、表8－6），我们发现在以差环境中的企业为样本的实证检验中，控制变量的系数出现了一些违背市场逻辑的情况。

表8－5　固定效应模型回归结果

变量	R&Q 滞后一期			ROA 滞后一期		
	模型8－1（全样本）	模型8－2（好环境）	模型8－3（差环境）	模型8－4（全样本）	模型8－5（好环境）	模型8－6（差环境）
MI	0.502＊＊	0.527＊＊	0.489＊	0.741＊＊	0.850＊＊	0.671＊
	(2.130)	(2.240)	(1.831)	(2.179)	(2.164)	(1.815)
RDII	1.378＊＊	1.441＊＊	1.367＊	1.241＊＊	1.343＊＊	1.232＊
	(2.116)	(1.997)	(1.714)	(2.138)	(2.376)	(1.798)
Size	0.006	0.007	0.011	0.028	0.032	0.032
	(0.183)	(0.169)	(0.259)	(0.548)	(0.612)	(0.492)
LS	0.071＊	0.056	0.067＊	0.069	0.072	0.069
	(1.845)	(1.606)	(1.661)	(1.433)	(1.607)	(1.498)
Growth	0.003	0.004	0.003	0.019	0.023	0.020
	(0.130)	(0.129)	(0.098)	(0.081)	(0.086)	(0.073)
Debt	－0.267＊	－0.241	0.111＊＊	－0.152＊＊	－0.156＊＊	0.193＊＊＊
	(－1.834)	(－1.574)	(2.035)	(－2.389)	(－2.381)	(2.877)

续表

变量	R&Q 滞后一期			ROA 滞后一期		
	模型 8-1（全样本）	模型 8-2（好环境）	模型 8-3（差环境）	模型 8-4（全样本）	模型 8-5（好环境）	模型 8-6（差环境）
Year	0.002	0.003	-0.001	0.002	0.002	-0.003
	(0.357)	(0.227)	(-0.152)	(0.306)	(0.433)	(-0.511)
Constant	9.627*	10.278*	10.236**	8.167**	8.058*	9.114**
	(1.901)	(1.943)	(1.998)	(2.040)	(1.888)	(1.981)
Adj-R²	0.204	0.179	0.137	0.199	0.175	0.133
N	1107	752	355	1107	752	355

注：括号内为 t 值，*表示 p < 0.1，**表示 p < 0.05，***表示 p < 0.01。

表 8-6　固定效应模型回归结果

变量	GPI 滞后一期			GPI 滞后二期		
	模型 8-7（全样本）	模型 8-8（好环境）	模型 8-9（差环境）	模型 8-10（全样本）	模型 8-11（好环境）	模型 8-12（差环境）
MI	0.587**	0.592**	0.547**	0.493**	0.506**	0.468*
	(2.447)	(2.453)	(2.229)	(2.109)	(2.234)	(1.801)
RDII	1.323**	1.419**	1.088*	1.438**	1.540***	1.177**
	(2.048)	(2.183)	(1.884)	(2.396)	(2.782)	(1.991)
Size	0.004	0.006	0.009	0.021	0.026	0.028
	(0.144)	(0.137)	(0.186)	(0.379)	(0.421)	(0.322)
LS	0.067*	0.052	0.061	0.08	0.094	0.082
	(1.778)	(1.527)	(1.643)	(1.315)	(1.407)	(1.270)
Growth	0.002	0.003	0.001	0.016	0.018	0.019
	(0.068)	(0.059)	(0.048)	(0.069)	(0.077)	(0.073)
Debt	-0.310*	-0.294	0.179**	-0.162**	-0.175**	0.184***
	(-1.782)	(-1.524)	(2.226)	(-2.093)	(-2.402)	(2.689)
Year	0.001	0.003	-0.001	0.003	0.003	-0.005
	(0.224)	(0.189)	(-0.143)	(0.329)	(0.331)	(-0.499)
Constant	8.452*	9.279*	9.206**	7.900**	7.673*	8.023**
	(1.764)	(1.846)	(1.833)	(1.891)	(1.809)	(1.902)
Adj-R²	0.183	0.172	0.145	0.156	0.141	0.126
N	1107	752	355	1107	752	355

注：括号内为 t 值，*表示 p < 0.1，**表示 p < 0.05，***表示 p < 0.01。

（1）企业负债（Debt）系数为正，也就是说，企业负债越多，经营业绩越好，这显然偏离了风险报酬的基本观念。其可能的原因是，在制度环境较差的地区，其经济基础和金融发展水平通常较为薄弱，企业无法从资本市场获得足够的发展资金，很多企业会通过争取银行贷款来获得发展资金。同时，差环境地区的资金分配并非按照资本收益率来进行，由于政府供给制度的效率低下，很多企业会通过建立政治关联来获得私人的制度优势。与此同时，关联的政府或官员也会根据所关照企业的利益需求来引导银行的资金配置。所以，负债高的企业往往都是具有传统生产能力以外资源的企业，这类企业往往不只具有资金优势，还包括其他的社会资源以及更多的发展机会，这些都成为提升企业业绩的影响因素。

（2）企业年限系数为负，意味着企业经营时间越长，发展越差，这也背离了一个企业正常发展的轨迹。其原因可能是，差环境中的企业由于无法通过现有的制度获得生产过程中的保护，会更多地关注于建立政治关联。由于被关联官员存在届别效应、任期内调离等政治风险，超过任期后，企业将无法一如既往地获得发展资源，基于过往的依赖性，丧失关联资源的企业将在接下来的经营周期中出现业绩下降现象。

本章小结

本章通过对制度环境、企业核心能力与企业成长的实证分析，得到如下结论：在制度环境好的区域，企业会将更多的精力和资源投放于内在核心能力的建设上，核心能力水平将成为决定企业成长的关键因素。在差环境的地区，企业需要与政府建立联系，以获得制度的保护，在私人利益的交换过程中谋求发展。而这种发展策略在面临很高的政治风险的同时，对于企业自身和整个社会经济的发展都存在潜在的危害。

　　转型期间，中国企业所面临的是制度环境从整体上由非正式制度主导向正式制度主导转变，但非正式制度主导的局面依然在一定范围内长期存在，并且不同区域的制度环境依然存在较大的差异。这会导致不同区域内的企业在核心能力构建以及成长方向战略选择方面产生不同。因此，政府应该加快自身施政观念和职能的转变，增加制度供给的有效性，使自身对于市场的影响从控制转变为服务，并在这个过程中保持市场监管的有效性，逐步完善正式约束的市场制度环境。

第九章　新型政商关系：与危机赛跑的制度重构

经济的发展和市场化的不断推进使中国的政企关系已逐步从计划经济时期的直接管制型演变为间接引导型，即现今的政府不再直接干预企业的生产经营活动，而采用政策法规等间接手段影响企业的行为，以及通过不断健全市场体系，以价格规律和竞争规律来引导企业。然而，对于社会经济发展中的微观个体而言，企业基于短期的利益和生存压力，热衷于积极与政府建立关联，在发展过程中获得更好的契约环境和竞争优势。在这个过程中，政府规划的长期发展策略频繁遭受企业家个体行为的冲击，缺乏底线意识的部分官员逐步向企业靠拢，成为利益共同体，政府与企业的关系也逐步从主从关系演变为基于短期利益的政经联盟关系。在某些领域，政商勾结对于社会经济发展的危害已经超越了一般意义上的经济犯罪，对社会经济的发展甚至国家的安全造成巨大隐患。畸形的政商关系使政府的"有形之手"越权，使市场的"无形之手"缺位，整个社会的竞争环境备受侵害，在这样的环境下，企业家开始将更多的精力投放于经营关系上，而不再关注涉及企业成长本质的核心能力建设。

据中国公司法务研究院联合中国青年报舆情监测室共同发布的《2015中国企业家犯罪报告（媒体样本）》显示，明确企业所有制类型的603例案件中，民营企业家犯罪或涉嫌犯罪的案件为147件，占比24%，相较于2014年的媒体案例，在绝对数和占比上均有所下降（2014年民营企业家涉罪案件181起，占比42%）。一方面说明近年来的制度反腐确实给整个社会经济的发展环境带来很大改善，很多曾经的越线者或游走于制度边缘的投机者已有所收敛。另一方面也意味着良好的制度环境使企业家意识到了旧政商关系的低效率与得不偿失，将企业成长的核心动力回归到自身能力的建设上才是更为理性的选择。但现有的企业家犯罪数据仍然表明，政商关系作为一种正常的社会关系，在近年来的社会转型、体制转轨中的恶劣态势，使得政府与企业的底线不断被突破，重塑政商关系具有紧迫性和重要意义。

第一节　政商关系的本质与演变历程

政商关系的演变一方面能够加快制度改革的进程；另一方面，当二者关系的发展偏离常规的轨道后，就会成为制度改革与国家治理现代化的障碍。健康的政商关系，实质就是企业家与官员、市场与政府在社会经济发展过程中探求各自权限边界以及实现各方利益最大化的制度边界的过程。在二者的关系中，与政府所代表的"政"相比，企业家所代表的"商"在关系上通常处于被动地位，二者在利益格局上并不是总能一致地形成共赢（邱实和赵晖，2015）。从政商关系的发展过程来看，其本质则是透过物与物的问题来反映人与人的关系，整个演变历程大致可划分为以下三个阶段。

第一阶段是政商关系的初次演变。1978 年党的十一届三中全会通过深入反思当时的经济管理体制，针对权力过于集中、政企不分、以政代企等方面进行了大幅度的改革。整个社会经济的发展方向以为企业松绑、扩大其再生产和经营方面的自主权为目标，积极寻找新的发展道路，此时的中国政商关系进入了一个新的发展阶段。

第二阶段是政商关系的深度演变。1984 年党的十二届三中全会明确了多种经济形式和经营方式并存的共同发展方针，大量非公有制经济的相继出现给中国政商关系带来巨大变化。主要体现于政府与管控下企业的单一直线式关系向多元网络化关系的转化，这种转化形成了政府与非公有制经济中更为多元化的关系类型，使当时的中国经济产生了更多的角色，也产生了官员和商人的各种关系，政商关系开始正式演变，并且受到经济中行为主体的影响。

第三阶段是政商关系的本质演变。在 1992 年邓小平的"南方谈话"后，改革开放进入全面提速阶段，经济规模迅速扩大，不同性质企业所构成的体系呈现出更稳定的融合，国有企业和非公有制企业开始同时发挥作用。与此同时，所有制的差别开始显现，国有独资形式的企业更易获得发展资源，不同类型企业之间的关系逐渐疏远，形成各自的圈子和阵营，整个市场开始显现竞争匮乏及缺乏公平环境的特征。与此同时，民营经济和外资企业迅速发展，政府官员个体与非公有制企业的个人关系开始发生更深层次的变化。

当代政商关系存在问题的本质是市场化进程中伴随的大规模私下利益"勾兑"，表现为社会经济中普遍存在的政治关联现象。在社会转型经济转轨的背景下，体制不完善使腐败问题日趋严重，非公有制企业的政治诉求通常难以得到及时、有效的满足，因此便需要通过关联政府官员的方式来弥补企业自身所存在的权属性质缺陷。他们通过与地方政府建立政治关联，来获得市场竞争中资源、信息上的优势，同时，获得产权和契约执行上的保护效应以及在整个行业内的声誉效应。如果现有制度能够引导、支持其本人成为自身利益的代表，非公有制企业便不再需要寻找代理人，这也是切断公权腐败利益输送途径的重要方式。

第二节　底线意识与新型政商关系

中国的政商关系现状既与两千多年来重官轻商的历史背景有关，也与在以经济建设为中心的发展环境下，以政绩为导向的晋升激励机制密切相关。在权利体系中，有权就有责，有责自然也会有利，但明清之后的儒家羞于谈利，而永嘉学派提出"义理不能脱离功利"，既要谈理想、谈主义，又要谈利益，既讲义又讲利。如果以责利对等为前提，那么，讲利就要讲罚。权是合法性，责是义务性，利是相应性，罚是相当性。如果社会中的惩罚机制失灵，则整个体系将难以有效运转。

政商关系是政治人与经济人之间的一种必然关系，过去、现在和将来都会有关系和联系，因此，需要在正视其关系的前提下进行研究并充分重视其社会影响。当前政商关系出现的问题，表现于经济上的违纪、违法甚至腐败，实际反映的是改革滞后。既有经济上占优势地位的人积极寻找代理人的内在冲动，也有政治上占优势地位的人想提高自身经济地位的内在欲求。因此，现阶段政商关系重塑，既要讲学习和原则，包括官员的自我认知与内省；也要讲权利结构的科学安排，否则将难以形成正常的政商关系。

对于转型经济体而言，薄弱的经济基础与技术支持、落后的产业结构与发展模式以及较差的制度环境都会使企业在发展过程中更易于向政府靠拢，政治关联能够使其轻而易举地占据市场的优势地位。由于没有核心竞争力和民众消费能力作为支持，转型国家的企业产品定位多游走于国内低端消费品市场，整个市场也无法提供一个激励创新的环境。更令人担忧的是，无品质差异的市场现状使政治关联的边际效用更加明显，关联企业将获得显著的竞争优势，在官员同样需要企业为其提供晋升支持的背景下，二者的恶性互动很容易结成稳定联盟。这种联盟虽然可以在短期内帮助企业谋求发展，但从长期来看，对于整个国家的政治、经济都会产生难以逆转的负面效应，企业长期的饮鸩止渴使企业家失去创新精神，使企业的成长失去原动力。

因此，除了合理的制度安排以外，市场经济中扮演关键角色的官员与企业家本身也需要拥有足够的"底线意识"，即判断自己的行为是否超出了社会容忍度。企业家的底线高于社会底线，将更利于企业的长久生存和发展。对于企业的成长而言，积极推进自身的核心能力建设，坚守经营过程中的"复利最优"策略，勇于放弃眼前需要通过权力寻租获得的短期利益，并通过复利积累的方式赢得市场份额及收益才是可持续性的发展策略。而官员作为制度的供给者或执行者也应具备执政的"底线意识"，在政企交往的过程中提高警惕并进行积极的内省。政商关系未来的发展方向是制度化与规范化，个人因素将会逐渐减弱，企业法人与政府之间的交往取而代之。一个健康的政商关系意味着企业家与官员具备低成本的交流环境，而这也有利于帮助企业识别政府的政绩需求，有利于企业与政府形成合力，共同推动社会经济的发展，而这种合力也受到政府官员的欢迎。在考虑社会生产过程中的合作与承担责任的问题时，以提高适存性为前提的个体在无穷阶搭便车的自利框架下将使物质利益的奖惩无法解决承担社会责任方面的问题（韦倩和姜树广，2013），也就是说，从政府与企业的合作治理层面来看，这种社会经济秩序的维持和运转依然只能依靠行为主体内心的道德约束（汲昌霖，2015），即本书所提到的"底线意识"。

本章小结

反腐初见成效的商业环境为非公有制经济的发展提供了更为广阔的空间，这使得以贿赂换取资源的旧政商关系无论从成本还是可能存在的风险都不再是企业与政府的理性选择。企业需要更能规避风险、更有利于长远发展的新型政商关系，而政府也需要在现有的积极环境中作出尽可能高效的制度安排，更大程度地发挥市场在资源配置中的作用。新型政商关系是社会主义市场经济体制在逐步确立和完善后内在产生的对政府与市场边界、官员行政权力与企业生产经营活动之间关系的进一步追问，也是社会主义市场经济发展的必经阶段。

畸形的政商关系使政府的"有形之手"越权，市场的"无形之手"缺位，政府难以有效驾驭市场，企业也失去了制定发展策略的参照。构建新型政商关系需要从加快建设法治政府、明确规矩规则以及构建政商文化等方面持续不断地作出努力。在新的时代背景下，只有以规范、制约和监督政府权力相结合的综合治理手段，从合理界定好政府与市场、政府与社会治理边界入手，才能建立起健康的政商关系，并同时解决好效率和社会公平正义的问题。良好的"底线意识"是企业游走于利益最大化边界的前提，也是在制度环境以外企业家与官员主动承担社会责任的道德基础。

本章通过分析政商关系的演变历程以及政企关联的动因与后果，指出企业家与官员基于短期利益或政绩需求的行为破坏了政府宏观层面的长期经济发展策略。以制度反腐为基础的政商关系重塑，除了能够产生短期内的法律威慑效应外，还能够对企业家与官员的"底线意识"进行提升，使企业的关注重新回归到核心能力的建设上。在一些领域，政商勾结对于社会经济发展的危害已经超越了一般意义上的经济犯罪，重塑政商关系既具有经济层面的重要意义，也是一场与危机赛跑的制度重构。

第十章 结论与政策建议

第一节 研究结论

改革开放 40 年来，非公有制经济已成为支撑我国经济持续快速增长的重要力量，同时也成为推动产业结构合理化、提升产业竞争力的主要力量之一。如何积极稳妥地推动非公有制经济的发展，从广度和深度上推进相关的制度改革一直是党和政府十分关注的问题。本书通过大量梳理文献资料、收集年鉴数据，以实证分析与规范分析相结合的方法来研究转型期间中国企业的成长问题，着重考察在不同的制度环境下，企业在政治关联与核心能力建设这两种战略之间作何选择，以及在何种制度环境下，具有长期危害的政治关联能够被挤出，使更多的企业能够将注意力集中于核心能力的提升上。通过上述研究，期望能够为促进非公有制经济发展尤其是民营企业的发展提出制度改革层面的理论依据和现实指导。概括起来，本书的结论分为如下几点，理论部分的结论为：

（1）政治关联可以帮助企业获得必要时候的产权和契约保护，突破壁垒而获得行业进入权和发展机会，以及获得政府补贴、税收优惠、廉价的企业融资和土地等，在较短的时间内能够使企业在经营上取得立竿见影的效果。企业基于与政府的密切关系获得了上述的资源效应、信息效应以及保护效应，但也同时需要保障被关联官员在执政周期内的政绩，包括对辖区内的就业保障、税收保障，公益事业的投资支持以及必要时候的捐赠等慈善行为，这种因非市场竞争和企业发展而进行的无谓损耗将对企业的生产经营产生巨大影响。更为严重的是，一旦企业习惯于获取这种非竞争性的资源，其长期的发展策略和经营习惯都将被扭曲，企业家精神沦陷，核心竞争力的发展遭到忽视，而这些将最终导致企业的发展质量下降，丧失行业内的竞争力，甚至走向灭亡。

（2）制度环境的波动性和制度距离能够使企业获得短期或局部的套利机会，但从长期或整体而言，会增加制度的不确定性，从而使企业面对更高的决策风险和交易成本，降低社会经济发展的效率。转型经济体的制度环境存在较大的跳跃性，因此，就中国而言，制度环境的差异化过程正是制度环境发展、扩散和变革的过程。如果企业处在较差的制度环境中，企业的经营无法得到良好的法律保护及契约执行的保证，也很难通过自身的努力获得合理的资源配置，非正式制度（如政治关联）将对其发展、成长起到重要作用。而在较好的制度环境下，企业可以受到正式制度的引导而专注于核心竞争力的培养，作出更为理性的战略选择，使企业能够摒弃眼前利益而将目光投放于长远。本书中构建的存在品质差异的价格竞争模型也在数理上证明了这一点。

在本书的实证研究中，以 35 个大中城市的上市公司数据为原始样本，建立一个企业与企业高管相匹配的微观数据库和一个金融生态环境的评价体系，通过主成分分析获得各城市的金融生态环境指数，并通过计量分析，为制度环境发展对于企业在政治关联或能力建设的策略选择上提供可靠的经验证据。经验研究的主要发现有以下几点：

（1）政治关联可以通过资源效应和信息效应为关联企业开辟融资渠道或降低融资成本。通过门槛回归的识别，发现制度环境对政治关联的融资缓解作用具有干预效应，其作用机制在于制度环境对于政治关联的声誉有替代效应。政治关联对企业融资的影响效果会随着金融生态环境发展水平的变化而发生变化，在金融生态环境差的地区，政治关联能够通过资源效应为企业带来更多的融资渠道，企业对政治关联的依赖性更强。而在制度环境好的地区，优良的金融生态环境本身便可以为身处其中的企业提供丰沛的资源和较低的信息获取成本，替代了政治关联通过声誉效应带来的运营资源，二者存在的声誉替代效应使企业建立政治关联的意愿下降。当金融生态环境足够好的时候，即金融生态环境指数大于某一门槛值时，政治关联的成本会使关联企业入不敷出，理性的企业将不再选择建立政治关联。

（2）从对企业绩效的影响来看，制度环境发展水平的提升和政治关联的建立均会对企业绩效产生正面效应。在制度环境水平不断提高的过程中，政治关联对企业绩效的影响效果逐步下降，说明了较好的制度环境能够以更为廉价的资源配给方式替代政治关联所带给企业的各种运营资源。制度环境的声誉在以企业绩效为被解释变量时依然能够对政治关联产生替代效应，使企业建立政治关联的意愿下降。

（3）在对制度环境、核心能力与企业成长进行实证分析中，本书得到了更为直接的经验证据。实证结果显示，在制度环境好的区域，企业的绩效和增长潜力指数均与核心能力建设的投入正向相关，而在较差制度环境的区域，这种投入依然有效，但系数减小。意味着在差环境的地区，企业可能需要依靠其他方面的力量来支持发展，导致内部的资源和精力被分散，使核心能力对企业成长的解释力下降。

第三部分的实证结果较好地匹配了前两部分的实证结论。制度环境所提供的"制度声誉"能够代替政治关联所产生的资源效应、信息效应及保护效应。在制度环境向好的过程中，企业会因关联成本的得不偿失而放弃政治关联，同时将这部分资源用于核心能力的提升上。从长远来看，这样的战略选择才是保证企业健康成长、社会可持续发展、国家经济高质量增长的正确方向。

第二节　理论启示与政策建议

通常而言，企业可以通过政治关联所带来的资源效应、信息和保护效应在短期内解决成长过程中所面临的诸多困难。但迫于资源和精力的约束，在政治关联上的过多消耗会使企业在核心竞争力的建设上力不从心，而核心能力的建设与提高才是企业发展的初衷和企业成长的基础。一个区域制度环境水平的提高对于企业产生的战略反转无论对于企业本身的成长还是整个社会经济的发展均有重大意义。因此，就政府而言，应该大力推动制度环境的建设，通过为企业提供更为低廉的资源配置模式、更为对称的信息获取环境、更为安全的契约执行环境等，使企业可以专注于本身的能力建设，谋求长远，在全球化的过程中产生更多有国际影响力的企业和更高品质信誉的品牌。

在我国当前的发展阶段，充分了解政治关联及其对企业成长的影响具有重大的意义，尤其是在特定的政治经济环境下，政治关联可能会深刻影响企业的生存发展策略。另一方面，政治关联作为社会体制完善过程中出现的一项非正式制度，无形中为部分官员和企业打开了一条彼此输送利益的途径，制度环境的向好可以减弱企业建立政治关联的动机，逐步消除公权腐败的利益源头。就整个经济体的发展而言，一个良好的制度环境不仅能够增进当地的市场效率，激发经济活力，还能提升企业将发展策略定位于长远的动力，从而提升整个社会的福利，使经济的发展进入一个良性的循环。

转型期间，中国企业所面临的制度环境不断改善，但非正式制度依然会在一定范围内长期存在，并且不同区域的制度环境依然存在较大的差异，这会导致不同区域内的企业在成长方向和战略选择方面产生差异。在全球化经济的今天，中国企业面对的制度环境处于不断改善的进程中，全国范围内的整体市场化水平也在不断提高。因此，对于政府而言，应该加快自身施政观念和职能的转变，从"控制"市场转变为"服务"市场。在政策制定方面，政府需要遵循市场经济规律与准则，合理制定企业的管理和扶持政策，同时，不断强化市场的监管，建立正式约束的市场制度环境。在制度改革方面，加快推进要素市场改革，从根本上破除资源分配中的体制性主从次序，特别是要给予民营企业同等的资源获取机会。而构建公平的市场环境、消解政策性歧视，关键则是要厘清政府和市场的边界，真正让市场机制在资源配置中发挥决定性作用。2016 年的全国两会上，习近平总书记 18 次提到"发展"为民营经济指明方向，并指出"为非公有制经济发展营造良好环境和提供更多机会""保护各种所有制经济产权和合法利益""激发非公有制经济活力和创造力""要'健全以公平为核心原则的产权保护制度'"。① 这些无疑都是利好非公有制经济发展、利好社会创新意识、利好公平市场环境、利好经济活力及经济增长的积极信号。

民营经济是社会主义市场经济的重要组成部分和我国经济社会发展的重要基础。"十三五"期间，民营经济对于中国经济发展也将扮演重要角色。因此，构建"亲""清"的新型政商关系，激励广大党政干部、企业家勇于担当、积极作为，一方面全力支持民营企业发展；另一方面要守住底线不以权谋私，实现遵纪守法办企业、光明正大搞经营，为决胜全面建成小康社会、夺取新时代中国特色社会主义新胜利作出新贡献。

---

① 习近平：《毫不动摇坚持我国基本经济制度　推动各种所有制经济健康发展》，2016 年 3 月 9 日，新华社，见 http：//www. xinhuanet. com/politics/2016 - 03/09/c_ 1118271629. htm。

参考文献

白重恩、路江涌、陶志刚：《中国私营企业银行贷款的经验研究》，《经济学（季刊）》2005 年第 2 期。

白钦先等：《金融可持续发展研究导论》，中国金融出版社 2001 年版。

陈爽英、井润田、龙小宁、邵云飞：《民营企业家社会关系资本对研发投资决策影响的实证研究》，《管理世界》2010 年第 1 期。

陈钊、陆铭、何俊志：《权势与企业家参政议政》，《世界经济》2008 年第 6 期。

邓建平、曾勇：《政治关联能改善民营企业的经营绩效吗》，《中国工业经济》2009 年第 2 期。

邓新明：《我国民营企业政治关联、多元化战略与公司绩效》，《南开管理评论》2011 年第 4 期。

邓新明、熊会兵、李剑峰、侯俊东、吴锦峰：《政治关联、国际化战略与企业价值——来自中国民营上市公司面板数据的分析》，《南开管理评论》2014 年第 1 期。

杜兴强、郭剑花、雷宇：《政治联系方式与民营企业捐赠：度量方法与经验证据》，《财贸研究》2010 年第 1 期。

冯天丽、井润田：《制度环境与私营企业家政治联系意愿的实证研究》，《管理世界》2009 年第 8 期。

冯延超：《中国民营企业政治关联与税收负担关系的研究》，《管理评论》2012 年第 6 期。

郝项超、张宏亮：《政治关联关系、官员背景及其对民营企业银行贷款的影响》，《财贸经济》2011 年第 4 期。

胡滨：《区域金融生态环境评价方法与实证研究》，《经济管理》2009 年第 6 期。

胡凯、吴清：《省际资本流动的制度经济学分析》，《数量经济技术经济研究》2012

年第 10 期。

胡旭阳、史晋川：《民营企业的政治资源与民营企业多元化投资——以中国民营企业 500 强为例》，《中国工业经济》2008 年第 4 期。

胡湛湛：《转型期中国制度环境与纵向整合企业控制及绩效的作用机制研究》，华南理工大学博士学位论文，2013 年。

黄亚生：《"中国模式"到底有多独特?》，中信出版社 2011 年版。

汲昌霖：《转融券扩容、有限关注与解禁股的信息溢出》，《金融发展研究》2015 年第 4 期。

汲昌霖：《资本市场中的金融伦理体系构建——基于演化金融学的视角》，《现代经济探讨》2015 年第 6 期。

汲昌霖：《金融自由化改革中的银行业结构调整与风险控制》，《经济问题探索》2015 年第 4 期。

汲昌霖：《政治关联是否促进了企业绩效——基于金融生态环境的视角》，《公司金融研究》2015 年第 3 期。

雷光勇、李书锋、王秀娟：《政治关联、审计师选择与公司价值》，《管理世界》2009 年第 7 期。

李桂花：《新常态下的金融监管模式转型——制度和行为经济学的视角》，《上海经济研究》2015 年第 5 期。

李山、王铮、钟章奇：《旅游空间相互作用的引力模型及其应用》，《地理学报》2012 年第 4 期。

李胜兰、周林彬、汪耿东：《我国民营企业产权法律保护实证研究：以广东民营企业产权纠纷案件为例》，中国人民大学出版社 2010 年版。

李维安、邱艾超、古志辉：《双重公司治理环境、政治联系偏好与公司绩效——基于中国民营上市公司治理转型的研究》，《中国工业经济》2010 年第 6 期。

李诗田、邱伟年：《政治关联、制度环境与企业研发支出》，《科研管理》2015 年第 4 期。

连玉君、程建：《投资—现金流敏感性：融资约束还是代理成本?》，《财经研究》2007 年第 2 期。

梁莱歆、冯延超：《民营企业政治关联、雇员规模与薪酬成本》，《中国工业经济》

2010 年第 10 期。

廖开容、陈爽英:《制度环境对民营企业研发投入影响的实证研究》,《科学学研究》2011 年第 9 期。

林毅夫、李永军:《中小金融机构发展与中小企业融资》,《经济研究》2001 年第 1 期。

刘慧龙、张敏、王亚平、吴联生:《政治关联、薪酬激励与员工配置效率》,《经济研究》2010 年第 9 期。

刘少波:《控制权收益悖论与超控制权收益——对大股东侵害小股东利益的一个新的理论解释》,《经济研究》2007 年第 2 期。

陆铭、潘慧:《政企纽带:民营企业家成长与企业发展》,北京大学出版社 2009 年版。

罗党论、黄琼宇:《民营企业的政治关系与企业价值》,《管理科学》2008 年第 6 期。

罗党论、刘晓龙:《政治关系、进入壁垒与企业绩效——来自中国 CST 民营上市公司的经验证据》,《管理世界》2009 年第 5 期。

吕源、徐二明:《制度理论与企业战略研究》,《战略管理》2009 年第 1 期。

吕源:《以制度理论为基础的企业战略管理实证研究方法简述》,《战略管理》2009 年第 1 期。

罗正英、周中胜、王志斌:《金融生态环境、银行结构与银企关系的贷款效应——基于中小企业的实证研究》,《金融评论》2011 年第 2 期。

潘越、戴亦一、李财喜:《政治关联与财务困境公司的政府补助——来自中国 ST 公司的经验证据》,《南开管理评论》2009 年第 5 期。

邵敏、包群:《政府补贴与企业生产率——基于我国工业企业的经验分析》,《中国工业经济》2012 年第 7 期。

石晓乐、许年行:《公司财务与政治关联研究进展》,《经济学动态》2009 年第 11 期。

孙刚、毛向乾:《金融发展环境、利率市场化与债务融资决策》,《广东金融学院学报》2010 年第 4 期。

孙卫、唐树岚、管晓岩:《基于制度的战略观:战略理论的新发展》,《科研管理》

2008 年第 2 期。

魏志华、曾爱民、李博:《金融生态环境与企业融资约束——基于中国上市公司的实证研究》,《会计研究》2014 年第 5 期。

魏江:《持续竞争优势:制度观、资源观与创新观》,《自然辩证法通讯》1999 年第 2 期。

吴文锋、吴冲锋、芮萌:《中国上市公司高管的政府背景与税收优惠》,《管理世界》2009 年第 3 期。

王守坤:《中国各省区资本流动能力再检验:基于广义空间计量模型的分析》,《经济评论》2014 年第 4 期。

王贞洁、沈维涛:《金融生态环境、异质性债务与技术创新投资——基于我国制造业上市公司的实证研究》,《经济管理》2013 年第 12 期。

温晓俊、刘海建:《战略管理研究所应遵循的理论基础:资源基础观与交易成本理论》,《中央财经大学学报》2007 年第 8 期。

谢德仁、陈运森:《金融生态环境、产权性质与负债的治理效应》,《经济研究》2009 年第 5 期。

谢佩洪、王在峰:《基于制度基础观的 ICP 范式的构建及其分析——对我国企业多元化经营的剖析》,《财经科学》2008 年第 2 期。

肖浩、夏新平:《政府干预、政治关联与权益资本成本》,《管理学报》2010 年第 6 期。

徐诺金:《论我国金融生态环境问题》,《金融研究》2005 年第 11 期。

姚德权、章剑辉:《政治关联、贷款融资与民营企业绩效研究》,《财经问题研究》2014 年第 12 期。

杨华磊:《对主流经济物理学研究范式的担忧——兼议其在中国面临的困境和挑战》,《经济评论》2012 年第 4 期。

杨其静:《政治关联与企业成长》,《教学与研究》2010 年第 6 期。

杨其静:《企业成长:政治关联还是能力建设?》,《经济研究》2011 年第 10 期。

于蔚、汪淼军、金祥荣:《政治关联和融资约束:信息效应与资源效应》,《经济研究》2012 年第 9 期。

杨志民、化祥雨、叶娅芬、邵元海:《金融空间联系与 SOM 神经网络中心等级识别

——以浙江省县域为例》，《经济地理》2014 年第 12 期。

曾萍、邓腾智、宋铁波：《制度环境、核心能力与中国民营企业成长》，《管理学报》2013 年第 5 期。

周妮笛：《基于 AHP – DEA 模型的农村金融生态环境评价——以湖南省为例》，《中国农村观察》2010 年第 4 期。

赵峰、高明华：《民营企业的政治关联能降低权益资本成本吗》，《山西财经大学学报》2012 年第 8 期。

张红凤、汲昌霖：《政治关联、金融生态环境与企业融资——基于山东省上市公司数据的实证分析》，《经济理论与经济管理》2015 年第 11 期。

张洪刚、赵全厚：《政治关联、政治关联成本与财政补贴关系的实证研究——来自深、沪证券市场的经验数据》，《当代财经》2014 年第 4 期。

张敏、张胜、王成方、申慧慧：《政治关联与信贷资源配置效率——来自我国民营上市公司的经验证据》，《管理世界》2010 年第 11 期。

郑波：《金融动力学的时空关联与大波动特性——兼谈中西方金融市场的对比研究》，《物理》2010 年第 2 期。

郑毓盛、李崇高：《中国地方分割的效率损失》，《中国社会科学》2003 年第 1 期。

周小川：《完善法律制度　改进金融生态》，《金融时报》2004 年 12 月 7 日。

朱虹：《国家制度和企业战略》，《战略管理》2009 年第 1 期。

钟娟、魏彦杰、沙文兵：《金融自由化是否有利于企业的知识创新？——来自中国制造业的证据》，《南开经济研究》2012 年第 4 期。

朱凯、陈信元：《金融发展、审计意见与上市公司融资约束》，《金融研究》2009 年第 7 期。

Adhikari, A. , Derashid, C. and Zhang, H. , "Public Policy, Political Connections and Effective Tax Rates: Longitudinal Evidence from Malaysia", *Journal of Accounting and Public Policy*, 2006.

Agrawal, A. and Knoeber, C. R. , "Do Some Outside Directors Play a Political Role?", *Journal of Law and Economics*, 2001.

Aidt, T. S. , "Economic Analysis of Corruption: A Survey", *Economic Journal*, 2003.

Almeida, H. , Campello, M. , Wisbach, M. S. , "The Cash Flow Sensitivity of Cash", *Journal of Finance*, 2004.

Atkinson, A. B. and Stiglitz, J. E. , *Lectures on Public Economics*, London: McGraw – Hill, 1980.

Alex Frino, Steven Lecce, Andrew Lepone, "Short – Sales Constraints and Market Quality: Evidence from the 2008 Short – Sales Bans", *International Review of Financial Analysis*, 2011.

Bain, J. S. , *Barriers to New Competition*, Cambridge, MA: Harvard University Press, 1956.

Baumol, W. J. , "Entrepreneurship: Productive, Unproductive and Destructive", *Journal of Political Economy*, 1990.

Beck, P. J. and Maher, M. W. , "A Comparison of Bribery and Bidding in Thin Markets", *Economics Letters*, 1986.

Bertrand, M. , Kramaraz, F. , Schoar, A. and Thesmar, D. , *Politicians, Firms and the Political Business Cycle: Evidence from France*, Working Paper, University of Chicago, 2007.

Boubakri, N. , Guedhami, O. , Mishra, D. , "Political Connections and the Cost of Equity Capital", *Journal of Corporate Finance*, 2012.

Bunkanwanicha, P. and Wiwattanakantang, Y. , " Big Business Owners in Politics", *Review of Financial Studies*, 2009.

Chang, E. C. and Wong, S. M. L. , "Political Control and Performance in China's Listed Firms", *Journal of Comparative Economics*, 2004.

Chen, Joseph, Harrison Hong and Jeremy C. Stein, "Forecasting Crashes: Trading Volume, Pastreturns, and Conditional Skewness in Stock Prices", *Journal of Financial Economics*, 2001.

Claessens, S. and Tzioumis, K. , "Measuring Firms' Access to Finance", *World Bank Working Paper*, 2006.

Claessens, S. , Feijen, E. and Laeven, L. , "Political Connections and Preferential Access to Finance: The Role of Campaign Contributions", *Journal of Financial Economics*, 2008.

Daniels, J. , Pitts, R. , Tretter, J. , "Strategy and Structure of US Multinationals: An Exploratory Study", *Academy of Management Journal*, 1984.

Davidsson, P. , Wiklund, J. , "Levels of Analysis in Entrepreneurship Research: Current Research Practive and Suggestions for the Future", *Entrepreneurship Theory & Practice*, 2001.

Delaney, E. , "Strategic Development of Multinational Subsidiaries Through Subsidiary Initiative – taking", *Long Range Planning*, 2000.

Demsetz, H. , "Barries to Entry", *American Economic Review*, 1982.

DiMaggio, P. J. , Powell, W. W. , "The Iron Cage Revisted: Institutional Isomorphism and Collective Rationality in Organizational Field", *American Sociological Review*, 1983.

Dunning, J. H. , "Multinational Enterprises and the Globalization of Innovatory Capacity", *Research Policy*, 1994.

Ekeledo, I. , Sivakumar, K. , "International Market Entry Mode Strategies of Manufacturing Firms and Service Firms: A Resource based Perspective", *International Marketing Review*, 2004.

Eden, L. , Miller, S. , "Liability of Foreignness, Institutional Distance and Ownership Strategy", *Advances in International Management*, 2004.

Egelhoff, W. G. , "Strategy and Structure in Multinational Corporations: An Revision of the Stopford and Wells Model", *Strategic Management Journal*, 1988.

Faccio, M. and Parsley, D. C. , "Sudden Deaths: Taking Stock of Geographic Ties", *Journal of Financial and Quantitative Analysis*, 2009.

Faccio, M. , "Differences between Politically Connected and Non – connected Firms: A Cross Country Analysis ", *Financial Management*, 2009.

Fan, J. P. , Wong, T. J. , Zhang, T. , "Politically Connected CEOs, Corporate Governance and Post – IPO Performance of China's Newly Partially Privatized Firms", *Journal of Financial Economics*, 2007.

Firth, M. , Lin, C. , Liu, P. and Wong, S. M. L. , "Inside the Black Box: Bank Credit Allocation in China's Private Sector", *Journal of Banking & Finance*, 2009.

Fisman, R. and Svensson, J. , "Are Corruption and Taxation Really Harmful to Growth? Firm Level Evidence", *Journal of Development Economics*, 2007.

Fombrun, C. J. , Shanley, M. , "What's in a Name? Reputation Building and Corporate Strategy", *The Academy of Management Journal*, 1990.

Forsgren, M. , Pedersen, T. , "Centers of Excellence in Multinational Companies: The Case of Denmark, In Birkinshaw J. , Hood N. (eds)", *Multinational Corporate Evolution and Subsidiary Development*, London: Macmillan, 1998.

Frost, T. S. , "The Geographic Sources of Foreign Subsidiaries' Innovations", *Strategic Man-*

agement Journal,2001.

Frost,T. S. ,Birkinshaw,J. M. ,Ensign,P. C. , "Centers of Excellence in Multinational Corporations",*Strategic Management Journal*,2002.

Galunic,D. C. ,Eisenhardt,K. M. , "The Evolution of Intracorporate Domains: Divisional-charter Losses in High Technology,Multidivisional Corporations",*Organization Science*,1996.

Gaur,A. S. ,Lu,J. W. , "Ownership Strategies and Survival of Foreign Subsidiaries: Impacts of Institutional Distance and Experience",*Journal of Management*,2007.

Gaur,S. ,Ajai,D. A. , "Institutional Environments,Staffing Strategies and Subsidiary Performance",*Journal of Management*,2007.

Geppert,M. , "Competence Development and Learning in British and German Subsidiaries of MNCs: Why and How National Institutions Still Matter",*Personnel Review*,2005.

Ghemawat,P. , "Semi Globalization and International Business Strategy",*Journal of International Business Studies*,2003.

Ghoshal,S. ,Bartlett,C. A. , "The Multinational Corporation as an Interorganizational Network",*Academy of Management Review*,1990.

Glaister,K. W. ,Buckley,P. J. , "Measures of Performance in UK International Alliances", *Organization Studies*,1998.

Globerman,S. , Shapiro,D. , "Governance Infrastructure and US Foreign Direct Investment",*Journal of International Business Studies*,2003.

Goldman,E. ,Rocholl,J. and So,J. , "Politically Connected Boards Affect Firm Value?", *Review of Financial Studies*,2009.

Hamilton,R. D. ,Kashlak,R. J. , "National Influences on Multinational Corporation Control System Selection",*Management International Review*,1999.

Hansen,B. E. , "Threshold Effects in Non – Dynamic Panels: Estimation,Testing,and Inference",*Journal of Econometrics*,1999.

Hansen,M. T. ,Lovas,B. , "How Do Multinational Companies Leverage Technological Competencies? Moving from Single to Interdependent Explanations ", *Strategic Management Journal*,2004.

Hedlund,G. , "A Model of Knowledge Management and the N – form Corporation",*Strategic*

Management Journal,1994.

Hennart,J. F. ,Reddy,S. , "The Choice between Mergers/Acquisitions and Joint Ventures: The Case of Japanese Investors in the United States",*Strategic Management Journal*,1997.

Holm,U. ,Pedersen,T. ,*The Emergence and Impact of MNC Centres of Excellence*,Macmillan: Basingstoke,Hampshire,2000.

Hood,N. ,Taggart,J. H. , "Subsidiary Development in German and Japanese Manufacturing Subsidiaries in the British Isles",*Regional Studies*,1999.

Hoskisson,R. E. , Eden,L. , Lau,C. M. , "Strategy in Emerging Economics",*Academy of Management Journal*,2000.

Huang,Y. , *Capitalism with Chinese Characteristics: Entrepreneurship and the State*,Cambridge: Cambridge University Press,2008.

Jensen,M. C. ,Meckling,W. H. , "Specific and General Knowledge and Organization Structure" ,*Contract Economics*,1992.

Johnson,W. ,Medcof,J. , "Entrepreneurial Behavior in the MNC:An Extended Agency Theory Analysis of the Parent Subsidiary Relationship and Subsidiary Initiative",*International Journal of Entrepreneurship and Innovation Management*,2002.

Johnson,W. ,Medcof,J. , "Motivating Proactive Subsidiary Innovation: Agent Base Theory and Socialization Models in Global R&D",*Journal of International Management*,2007.

Johnston,S. ,Menguc,B. , "Subsidiary Size and the Level of Subsidiary Autonomy in Multinational Corporations: A Quadratic Model Investigation of Australian Subsidiaries",*Journal of International Business Studies*,2007.

Kamal,S. , "Entry Mode and Subsidiary Performance in Emerging Economies",*Mustang Journal of Business & Ethics*,2011.

Keister,L. A. ,*Chinese Business Groups: The Structure and Impact of Inter Firm Relations During Economic Development*,Oxford University Press,2000.

Khanna,T. ,Palepu,K. , "Policy Shocks,Market Intermediaries and Corporate Strategy:The Evolution of Business Groups in Chile and India",*Journal of Economics & Management Strategy*,1999.

Khwaja,A. I. and Mian,A. , "Do Lenders Favor Politically Connected Firms? Rent Provision in an Emerging Financial Market", *Quarterly Journal of Economics*, 2005.

Knight, B. , "Are Policy Platforms Capitalized into Equity Prices? Evidence from the Bush 2000 Presidential Election", *Journal of Public Economics*, 2006.

Khurana, I. , Martin, X. , Pereira, R. , "Financial Development and the Cash Flow Sensitivity of Cash", *Journal of Financial and Quantitative Analysis*, 2006.

Kostova, T. , Roth, K. , Dacin, M. T. , "Institutional Theory in the Study of Multinational Corporations: A Critique and New Directions", *Academy Management Review*, 2008.

Kotabe, M. , Srinivasan, S. S. , Aulakh, P. S. , "Multinationality and Firm Performance: The Moderating Role of R&D and Marketing Capabilities", *Journal of International Business Studies*, 2002.

Krueger, A. O. , "The Political Economy of the Rent – seeking Society", *American Economic Review*, 1974.

Kumbhakar, S. C. and Lovell, C. A. K, *Stochastic Frontier Analysis*, Cambridge, Mass: Cambridge University Press, 2000.

Lai, J. , P. Mc Nelis and I. Yan. , "Regional Capital Mobility in China: Economic Reform with Limited Financial Integration", *Journal of International Money and Finance*, 2009.

Leibenstein, H. , " Allocative Efficiency vs ' X – Efficiency ' ", *American Economic Review*, 1966.

Liao, G. , Chen, X. and Sun, J. , "Policy Burdens, Firm Performance and Management Turnover", *China Economic Review*, 2009.

Lu, Y. , "Political Connections and Trade Expansion", *Economics of Transition*, 2011.

Luo, Y. D. , Tung, R. L. , "International Expansion of Emerging Market Enterprises: A Springboard Perspective", *Journal of International Business Studies*, 2007.

Makino, S. , Isobe, T. , Chan, C. M. , "Does Country Matter?", *Strategic Management Journal*, 2004.

Meyer, K. E. , Estrin, S. , Bhaumik, S. , Peng, M. W. , " Institutions, Resources, and Entry Strategies in Emerging Economies", *Strategic Management Journal*, 2009.

Meyer, K. E. , Peng, M. W. , "Probing Theoretically into Central and Eastern Europe: Transactions, Resources, and Institutions", *Journal of International Business Studies*, 2005.

Murphy, K. M. , Shleifer, A. and Vishny, R. W. , "The Allocation of Talent: Implications for Growth", *Quarterly Journal of Economics*, 1991.

Mirphy, K. M. , Shleifer, A. and Vishny, R. W. , "Why is Rent – Seeking So Costly to Growth?", *American Economic Review*, 1993.

Newman, K. , "Organizational Transformation During Institutional Upheaval", *Academy of Management Review*, 2000.

Niessen A. , Ruenzi S. , "Political Connectedness and Firm Performance: Evidence from Germany ", *German Economic Review*, 2010.

Oliver, C. , "Sustainable Competitive Advantage: Combining Institutional and Resource Based Views", *Strategic Man Agement Journal*, 1997.

Opler, T. , Pinkowitz, L. , Stulz, R. and Williamson, R. , "The Determinants and Implications of Corporate Cash Holdings", *Journal of Financial Economics*, 1999.

Pastor, L. and Stambaugh, R. F. , "Liquidity Risk and Expected Stock Returns", *Journal of Political Economy*, 2003, 111(3).

Peng, M. W. , "Toward an Institution Based View of Business Strategy", *Asia Pacific Journal of Management*, 2002.

Peng, M. W. , Sun, S. L. , Pinkham, B. , Chen, H. , "The Institution based View as a Third Leg for a Strategy Tripod", *Academy of Management Perspectives*, 2009.

Peng, M. W. , "Institutional Transitions and Strategic Choices", *Academy of Management Review*, 2003.

Peng, M. W. , *Global Business*, South Western College Publishing: Cincinnati, OH, 2008.

Peng, M. W. , Wang, D. Y. L. and Jiang, Y. , "An Institution – based View of International Business Strategy: A Focus on Emerging Economics ", *Journal of International Business Studies*, 2008.

Poncet, S. , "A Fragmented China: Measure and Determinants of Chinese Domestic Market Disintegration", *Forthcoming in Review of International Economics*, 2005.

Rajan, R. G. and Zingales, L. , "Financial Dependence and Growth", *American Economic Review*, 1998.

Reilly, W. J. , "Methods for The Study of Retail Relationships", *University of Texas Bulle-*

tin, No. 2944, November 22, 1929.

Rock, M. T. and Bonnett, H. , "The Comparative Politics of Corruption: Accounting for the East Asian Paradox in Empirical Studies of Cprruption, Growth and Investment", *World Development*, 2004.

Roodman, D. , "How to do Xtabond2: An Introduction to Difference and System GMM in Stata", *Stata Journal*, 2009.

Schoar, A. , " Effects of Corporate Diversification on Productivity ", *Journal of Finance*, 2002.

Scheinkman, J. , "Over Confidence and Speculative Bubbles", *Journal of Political Economy*, 2003.

Sharma, V. M. , Erramilli, M. K. , "Resource Based Explanation of Entry Mode Choice", *Journal of Marketing Theory and Practice*, 2004.

Shleifer, A. and Vishny, R. W. , "Corruption", *Quarterly Journal of Economics*, 1993.

Shleifer, A. and Vishny, R. W. , " Politicians and Firms ", *Quarterly Journal of Economics*, 1994.

Stiglitz, G. J. , "The Theory of Economic Regulation", *Bell Journal of Economics and Management Science*, 1971.

Stulz, R. , "Managerial Discretion and Optimal Financing Policies", *Journal of Financial Economics*, 1990.

Tan, J. J. and Litschert, R. J. , "Environment – strategy Relationship and Its Performance Implications: An Empirical Study of the Chinese Electronics Industry", *Strategic Management Journal*, 1994.

Tirole, J. , *The Theiry of Corporate Finance*, New Jersey: Princeton University Press, 2006.

Tobin, J. , "A General Equilibrium Approach to Monetary Theory", *Journal of Money, Credit and Banking*, 1969.

Tullock, G. , "Competing for Aid", *Public Choice*, 1975.

Walder, A. G. , "Local Governments as Industrial Firms: An Organizational Ananlysis of China's Transitional Economy", *American Journal of Sociology*, 1995.

Wan, H. and Zhu, K. , "Is Investment – Cash Flow Sensitivity a Good Measure of Financial

Constraints?" , *China Journal of Accounting Research* , 2011.

Wright, M. , Filatotchev, I. , Hoskisson, R. E. , Peng, M. W. , "Strategy Research in Emerging Economies: Challenging the Conventional Wisdom" , *Journal of Management Studies* , 2005.

Wu, W. , Wu, C. , Zhou, C. and Wu, J. , "Political Connections, Tax Benefits and Firm Performance: Evidence from China" , *Journal of Accounting and Public Policy* , 2012.

Xu, D. , Shenkar, O. , "Institutional Distance and the Multinational Enterprise" , *Academy of Management Review* , 2002.

责任编辑：张　燕

封面设计：胡欣欣

责任校对：史伟伟

图书在版编目（CIP）数据

制度环境视角下的企业成长战略选择研究/汲昌霖著．—北京：人民出版社，
　2019.10

ISBN 978－7－01－020480－2

Ⅰ.①制… 　Ⅱ.①汲… 　Ⅲ.①企业管理—研究—中国 　Ⅳ.①F279.23

中国版本图书馆 CIP 数据核字（2019）第 039783 号

制度环境视角下的企业成长战略选择研究

ZHIDU HUANJING SHIJIAOXIA DE QIYE CHENGZHANG ZHANLÜE XUANZE YANJIU

汲昌霖　著

人民出版社出版发行

（100706　北京市东城区隆福寺街 99 号）

环球东方（北京）印务有限公司印刷　新华书店经销

2019 年 10 月第 1 版　2019 年 10 月北京第 1 次印刷

开本：710 毫米×1000 毫米 1/16　印张：9.5

字数：151 千字

ISBN 978－7－01－020480－2　定价：39.00 元

邮购地址 100706　北京市东城区隆福寺街 99 号

人民东方图书销售中心　电话（010）65250042　65289539